子どもに「学ぶ習慣」がつく10のマジックワード

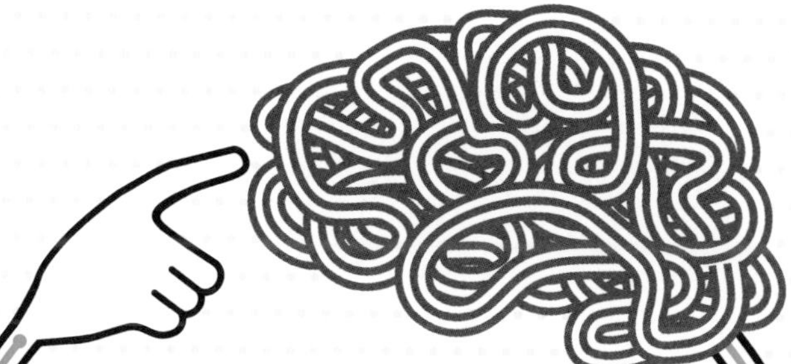

同じ勉強をしていて、なぜ差がつくのか?

自主學習

10個培養孩子提高學業品質的超強學習法

Katsunori Isbida
石田勝紀

游韻馨——譯

無論是小學新生、重視課業成績的國中生或考大學的高中生，大多數學生都經歷過用功唸書的過程，而我也相信每個人都曾經懷疑過：**「為什麼同樣是唸書，結果不一樣？」**

至少，我就曾經這麼想過。

高中一年級時，我考進了當地最頂尖的縣立高中，縣內各所國中的菁英全部齊聚在此。因此第一學期的期中考，我拚了命地用功，日以繼夜，不斷挑戰自己的極限。

成績揭曉，全班四十個人之中，我考了第十名。各位可能會覺得在頂尖高中考全班第十名，是很不錯的成績。但那個時候的我可是拚盡全力，沒日沒夜地用功，沒想到才考到第十名，那時的自己真的很震驚。

那次期中考前八名都是女同學，第九名是一位男同學，第十名是我。考試前，那些女同學緊張地說：「怎麼辦？我都沒唸書！」當時我沒多想，還很擔心地問：「不要怕，要不要我借你筆記？」

誰知道考完之後，我問女同學考幾分，對方竟然說九十七分（我只考了七十六分）。從此之後，我再也不相信她們說的話了。

高中二年級的時候，我身邊的同學不是那種熱中運動社團、成天不唸書，就是每天玩流行樂，不屑讀書的人。在我眼中，他們根本沒時間鑽研學業，天天過著快樂的日子。

令我跌破眼鏡的是，他們每個人都應屆考上錄取率超低的熱門大學，偏偏只有我落榜，必須重考……

「為什麼會這樣？」

面臨殘酷的現實打擊，我不斷找理由說服自己，告訴自己「他們的大腦結構和常人不同」「他們都是天才」，將一切歸咎給怎麼努力也無法克服的天分。

正因如此，我從來沒想過為什麼會有這樣的差距，就這樣在落後他們一大截的狀態下畢業。

事實上，**「上同一堂課，唸同一本書，卻有不同結果」是有明確原因的。**

懂的人自然就會懂

我直到二十歲才領悟到這一點。

我比別人用功兩倍、三倍，卻因為不明白真正的原因而重考兩次。那兩年是我人生的谷底，卻也是我人生的轉機。

當時我經歷了一件事。我的國語文偏差值在半年內增加了一倍（從四十提升到七十多），成績變好並不是有人教導，而是我在谷底時，很自然地做了「某件事」的結果。

國語文成績提升之後，其他科目也出現驚人成長。不僅如此，每天的唸書時間比起高中時代少到我無法想像，卻能讓成績呈現「爆發性成長」，我感到不可思議，同時也不禁思考，為什麼過去沒人教？其實只要掌握這個訣竅，就能事半功倍。

不瞞各位，**能有如此驚人的成長，是因為我體悟到「看待事物的方式（思考框架）」**。那些高中一年級同班的女同學，以及應屆考上頂尖大學的同學，都是親身實踐者。

我很驚訝他們從高中時期就在做這件事，只不過，他們是自然學會的，或許他們覺得這是一件稀鬆平常的事情，只能意會，不能言傳。

當我體悟到這件事的時候，也發現有些人是天生就能做到，但有些後天學習的人，也能做到相同程度。

日後，我在二十歲時創業，開設補習班。教過的學生超過三千五百名，我發現「大家都上同一門課、讀同一本書，結果卻不一樣」，原因就在於會不會做這件事。

不僅如此，過去三十年，我經營一間私立國高中學校，擔任上市企業的研修課程教師與顧問，和各大企業的一流經營者交流，或是在東京大學研究所授課時，也與無數師生接觸。我很清楚業界和學界的真實狀況，明白「大家都上同一門課、讀同一本書，結果卻不一樣的原因」不只適用於唸書學業，在商業界或各個領域都通用。

同樣是唸書，結果相異的原因究竟是什麼？

結果不同的原因很簡單，正因為太簡單了，所以一般人根本沒有察覺到。

由於這個緣故，加上沒有人白紙黑字寫下來昭告天下，久而久之，就變成只有

「天生實踐者」才知道的祕訣。後來，我透過兩個管道公開這個祕訣。

首先，我每年參與的演講、「Mama café」和研討會超過四百場次，我會在這些場合告訴大家「結果不同的原因」，以及「怎麼做才能達到高手等級」。

此外，我在《東洋經濟online》有一個專欄，已經發表超過一百二十篇文章。其中有一篇寫的就是這個主題，標題是〈同樣是唸書，結果卻不同的「本質原因」——親身實踐者與還差一步就學會的孩子們意想不到的最大差異——〉。

在**一百二十篇的連載文章中，這篇文章獲得最熱烈的迴響**（兩百六十五萬點閱率）。

從那以後，我收到許多來自各地的留言、親身實踐的例子與成果分享。既然這個方法改變了那麼多人，我希望能讓更多人體驗自己的變化，因此催生了這本書。

簡單來說，結果不同的原因如下（詳細內容將在第三章闡述）：

學習有三種類型，只要瞭解這三種類型，就能明白差異何在。

第一類　看似在學習，卻心不在焉的人
第二類　只在上課或工作時學習的人
第三類　除了睡覺以外，平時都在學習的人

「第一類」與「第二類」的人無論多用心學習，成效都比不上「第三類」的人，因為「第三類」的人**除了睡覺以外的時間，無時無刻都在學習**。這就是產生差異的真正原因。

話說回來，「第一類」與「第二類」人要怎麼做才能成為「第三類」人？關於這一點，本書將鉅細靡遺與各位分享，**其中一個方法就是任何人都能輕鬆使用的「學習法（十個魔法關鍵句）」**。

利用十句話培養十個「提問力」，有助於提升大腦規格。

希望各位能善用本書內容，實際感受學習品質的提升，而非量的提升，進一步提高孩子的自我肯定感。

如何打造人人都能高度自我肯定的社會？

無論小孩或大人，不少人對自己沒有自信。每個人對自己沒自信的理由都不同，但我相信，「課業成績不佳、工作表現不好」絕對是其中之一。

許多國中生、高中生誤以為書唸不好就沒出息，自然無法提升自我肯定感。

從統計數字也能看出日本學子的自我肯定感較低，這應該是日本學子被學業成績壓垮的原因（請參照第十一頁圖表）。

日本「高中生活與意識相關調查」之國際比較

◎認為自己的能力不輸其他人

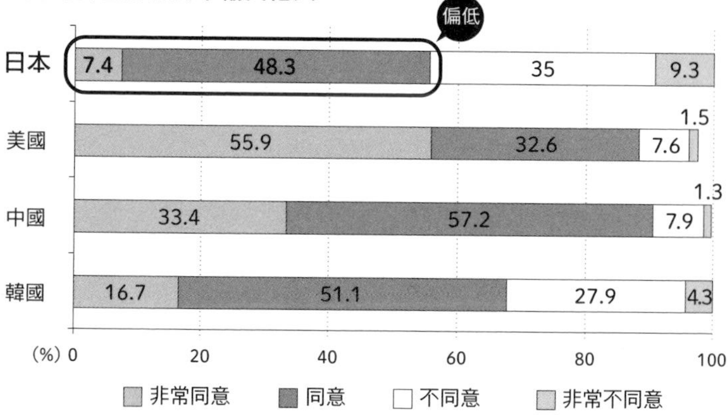

◎認為自己毫無長處

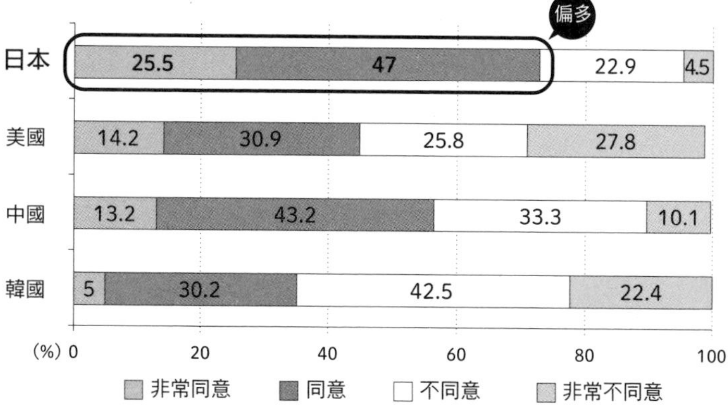

※2015年（獨）日本國立青少年教育振興機構　調查對象：高中1-3年級生

即使是成年人，工作績效不彰也會降低自我肯定感。若一直被周遭認為自己是個「工作能力差」的人，每天上班怎麼可能會開心？

事實上，**「學業成績差」、「工作績效不佳」不過是錯覺罷了**。我看過很多人都是因為一次的失敗產生錯覺，誤以為自己是個「沒用的人」。

一直以來，無論是唸書、工作或體育競技等領域，大家都認為想要出類拔萃，一定要具備符合二十世紀作風的「氣勢、毅力和努力」。

這樣的理論偏重「量」，人家常說努力「不夠」就是這個道理。

不過，就算拚了命努力也未必能成功。**無法體悟並學會「對於某些事物的看法（思考框架）」，再怎麼努力也沒用。**

各位，請勿再煩惱孩子的學習力，也不要再擔心部屬的能力。

更不需要苛責自己。

請各位閱讀本書，明白過去未曾理解「為什麼做同一件事卻有不同結果的原因」，並將其運用在孩子和部屬身上吧！

現在就跟著我一起來學習吧！

石田勝紀

第一章

在相同環境與條件下，為什麼「有的人成功」、「有的人失敗」？

第二章

什麼是「學習」的三種類型？

第三章

能力強的人「大腦構造」與眾不同嗎？

第六章

大腦「操作系統」版本升級技巧2「統整要點」

第七章

五個魔法關鍵句 進一步強化大腦「操作系統」

升級
「大腦自主學習系統」的
10個超強「魔法關鍵句」

1 「原因分析力」……「為什麼？」

2 「自我表現力」……「有什麼想法？」

3 「問題解決力」……「該怎麼做才好？」

4 「抽象化思考力」……「總而言之，重點是什麼？」

5 「具體化思考力」……「可以舉例說明嗎？」

6 「積極思考力」……「怎麼做才有趣？」

7 「目的意識力」……「這麼做是為了什麼？」

8 「原點回歸力」……「話說回來，這次的主題是什麼？」

9 「假設建構力」……「如果……會發生什麼事（結果會如何）？」

10 「問題意識力」……「真是如此嗎？」

第一章

在相同環境與條件下，為什麼「有的人成功」、「有的人失敗」？

第一章的主題是「在相同環境與條件下，為什麼『有的人成功』、『有的人失敗』？」

關於這一點，相信各位心裡已經有數，閱讀以下內容時，不妨回想周遭的例子。

案例1 明明上同一堂課，讀同一本書，為什麼有人考上頂尖大學，有人卻要重考？

在各位的成長過程中，是否也有凡事都表現出色的朋友？不僅課業成績名列前茅，音樂、美術、體育成績也出類拔萃的國中同學，帶領班上同學一起從事班際活動。

我唸小學的時候，也有這樣的同學，他「會唸書」的程度不是一般人可以比擬的。

有一次他在上國語文課時打瞌睡，老師叫到他的名字，要他「接著唸下去」，沒想到他竟然能在不看課本的狀況下，流暢地唸出下一段課文。班上所有同學都被他嚇一跳，將他當成神人一般的存在。

這位同學其他科目的成績當然也很好，但不知道為什麼，卻和我一樣，就讀班上有許多不良少年的公立學校。而且有他那樣聰明的頭腦，應該可以輕鬆考上頂尖國中才是，但他國中時還是考進了公立學校。

他升上國中後參加學生會的活動，學校裡有許多不良少年（全校四千人中有八十名不良少年），他很清楚如何在弱肉強食的世界中過日子下來，最後竟與不良少年成為好朋友。

他並未遭到霸凌，也很享受國中生活。國中學力在班上數一數二，後來升上了當地一流國立高中。

我跟他進入同一所高中就讀，很清楚他之後的狀況。他在高中三年期間裡，有一年前往國外留學，後來還考上全日本數一數二、錄取率很低的一橋大學。

反觀我自己，從小學、國中到高中，我都和他唸同一所學校，但後來書唸得很辛苦，重考兩次才考上大學。

而且不只是學校，我也和他在同一所補習班補習，為什麼我們的結果如此不同？——我一直以為我的大腦構造天生與別人不一樣。

後來發生了一件事，才讓我發現意想不到的原因。

案例2

有人練習十次就學會騎自行車，有人練一百次還是學不會

相信各位小時候都曾有練習騎自行車的經驗吧，各位是稍微練一下就會騎呢？還是無論練幾次還是不會騎？

為人父母之後，等到自己的孩子練習騎自行車才發現，每個孩子的學習成果都不

同，有的小孩一下就會騎，有的小孩花了好久的時間才學會。

當然，若把原因歸咎於「運動神經」，確實可以消彌疑慮，無須探討太多。

可是，有的小孩只聽一次騎自行車的方法，練習了十次左右就會騎，但有的小孩怎麼練習也學不會。

同樣的狀況也發生在單槓和跳箱等運動項目上，許多人誤以為不會拉單槓或跳跳箱，問題出在「運動神經」上，當然會這麼想也無可厚非。但很快就學會騎自行車的人，也能立刻學會吹奏樂器，老師傳授算數技巧，也能舉一反三，順利解題。

樂器與算數都與「運動神經」無關，既然如此，為什麼同樣的條件下，每個人卻又會出現不同的結果？

案例3

只教一次，有些學生立刻融會貫通，有些學生卻一頭霧水

老師在學校授課，有些學生聽一次就懂，有些學生卻聽得一頭霧水。聽一次不懂並非壞事，只要多聽幾次就會懂。

我在這裡，希望各位思考的是，為什麼有些學生聽一次就懂，有些學生卻聽得一頭霧水？其實原因各有不同。

假設原因是聽不懂老師使用的辭彙，差距就出現在對於辭彙理解的差異。此外，是否集中精神聽老師說話，也會影響結果。不僅如此，有沒有心要學也會導致結果不同。

上述原因都確實存在，但即使是在**相同條件（辭彙力、專注力與企圖心）下，每個人的理解程度還是不同，這是不可否認的事實。**

除了上述情形外，其他事情的結果是否也不同？

案例4 有的學生國語文能力強，有的學生翻開課本就像在看無字天書

不知道在各位之中，有多少人覺得自己的國語文程度很好？不瞞各位，我從國小、國中到高中，這十二年來國語文（國語文）成績都很差。

不過，就像我在〈作者序〉中所說的，後來因為一件事，迅速提升了我的國語文能力。

這個經驗也讓我明白，同樣一篇文章，看在國語文能力強的孩子眼裡，與國語文能力差的孩子眼裡，完全是截然不同的世界。

無論國語文能力如何，孩子們閱讀同一篇文章都會「看」到不一樣的世界。這樣

的差別來自於「解讀能力」，原因如此簡單，卻沒有太多人能理解。我想原因應該出在國語文老師都是國語文能力強的人，通常他們小時候就是文藝少年或文藝少女，說得明白一點，他們多半從小就喜歡閱讀，國語文能力越來越好，長大後自然成為國語文老師。

從小就有國語文基礎的老師，在面對國語文能力不高且無法理解文章內容的學生時，都會以一句「只要讀過文章就明白」來帶過，無法體會學生的問題所在。**正因為老師看得懂文章，所以他無法瞭解孩子們「根本看不懂文章」的感受。**

話說回來，「看不懂文章」究竟是什麼意思？有句話說：「好球員不一定能成為好教練。」換句話說，適合當教練的人必須曾經經歷過「從不會到會」這個過程。

儘管如此，為什麼上同一堂國語文課，有些學生國語文能力強、有些學生國語文能力卻較差呢？

案例5　有的人到國外學到許多東西，有的人卻一無所獲

最後，我想分享一個成年人的例子。有一次，我與一名直升完全中學的校長一同前往國外視察。

我和校長一起走在波士頓街頭，他對街上的各種事物十分感興趣，不斷發表自己的意見。

我完全沉浸在美麗的異國風情中，同一個街景，校長讀取到的資訊量比我多上好幾倍，讓我相形見絀。

我這麼說不是憑感覺。視察結束後，訪問團舉辦了一場座談會，讓所有成員發表自己的感想，那名校長的見解精闢又豐富，讓我甘拜下風。

此外，我也曾經跟一位很有名的和尚出國旅行。對方學識淵博已令我深感欽佩，

沒想到他連出國玩也有滿滿的收穫。明明我們都走在同一條街上，為什麼他看到的跟我看到的差這麼多呢？

不只如此，他很快就能掌握自己的所在位置，街上咖啡館在哪裡也記得一清二楚。我們只在路上走了一個鐘頭，他就對我說：「石田先生，我們剛剛經過的○○路上有三家裝潢時尚精緻的咖啡館，你還記得在哪裡嗎？」我完全不記得有什麼咖啡館，但對於他清楚記得街景特色的能力感到佩服。

同樣出國旅行，回國後他得到的收穫卻是我的十倍以上。

為什麼會出現這樣的差異呢？

以上就是在環境與條件皆相同之下，卻出現「做得到」與「做不到」兩種人的案例。不只是這些，還有許多例子無法一一列舉出來。

過去我們一直沒有「思考」出現這些差異的真正原因。

其實只要釐清原因，所有人都照著做就能成為「能力強的人」，**還能「看見」與過去截然不同的世界**。如此一來，一定能喚醒你的好奇心，找到自己真正想做的事。

同樣的優勢也適用在孩子身上，孩子們不只能提升學力，也很可能發現自己的才華。

為什麼頂尖大學學生多半可以「舉一反三」？

在詳細解說「產生差異的主因」之前，本單元的最後為各位介紹最關鍵的線索。

那就是「東大生」。

我在東京大學修讀碩士與博士課程時，曾經與無數東大生接觸交流。

和他們說話讓我深刻感受到一件事，那就是和他們說話很輕鬆。原因很簡單，他們很會「舉一反三」，只要聽到開頭立刻就知道意思，還能延伸出各種不同的看法和意見。

正因如此，說話的人無須因為擔心對方誤解而多做說明，也不需要事後補充，說起話來真的很輕鬆。

我當時真的很敬佩這些頂級大學生的這項能力，不禁驚嘆他們的大腦究竟是什麼樣的結構？

順帶一提，我經常在演講時提及「東大生的三個共通點」，在此與各位分享：

1 辭彙量豐富充實

2 專心聽別人說話

3 一定會表達自己的意見

第一點我想大家都瞭解，指的就是知道許多辭彙，也明白其中的涵義。達成第一點的方法包括從書本學習，也能透過考試用功增加新的辭彙。無論方法如何，辭彙量越多的人，可以利用越多的辭彙說明或形容同一件事。

第二點是很明確的特質。即使對方說的不是什麼大不了的事情，他們還是會仔細聆聽，那種專注的神情反而會讓對方覺得「應該要說點正經事才對」。

事實上，仔細聽別人說話等同於發揮自己的專注力。換句話說，他們平時就習慣專注「傾聽」。

專注力與記憶力呈正比，東大生之所以記憶力超群，原因之一就是他們「仔細聆聽別人說的話」。

第三點也是很明顯的特質。仔細聆聽別人說話的同時，還能細細咀嚼談話內容，說出自己的想法。

即使是不重要的日常瑣事或話題，他們還是會表達自己的意見。

由於他們在日常生活中已經養成這樣的習慣，因此在學校或補習班上課時，如果遇到國語文或數學題，也會自然做到以上三點，相信各位都能理解這一點。

總而言之，**學習是他們生活的一部分，無論是平時與朋友聊天，或上課時與老師同學討論，都毫無差別。**

具體究竟是怎麼一回事，留待下一章詳細闡述。

第二章

什麼是「學習」的三種類型？

為什麼有的學生名列前茅，有的學生卻吊車尾？

我在〈作者序〉中曾經提過，我在《東洋經濟online》有個專欄，本書便是源自於專欄的一篇文章。

那篇文章在我執筆超過一百二十篇的文章中，總共累積了兩百六十五萬次點閱率，在臉書（Facebook）上，還獲得超過四千五百個讚（史上最高紀錄），獲得最多迴響。

在進入本單元主題之前，請容我先轉載當時寫的文章，提供給各位參考。

問題

我每次都拜讀您寫的文章，這次我有事想請教您的意見。我有一個就讀國中三年級的女兒和國中一年級的兒子，他們在學校都認真學習，下了課還去補習班補習，成績在班上算是中上，但總是無法擠進前幾名。

我認為他們都很努力唸書，但不管用什麼方法，都無法考取第一名或第二名的成績。

他們常常抱怨「班上考第一名的同學無論在學校或補習班，都和自己上同一門課，授課老師也都相同，對方卻能考第一名，為什麼自己就是辦不到？」

我的小孩該怎麼做才能像對方一樣考第一名？可以請你告訴我訣竅嗎？

（化名：嵯峨太太）

回答

嵯峨太太，謝謝您的來信。

「為什麼明明上同一門課，結果卻不同？」這樣的切入點十分正確，這個看法有一個非常重要的、本質上的問題。

我相信在國高中時代，每個人都曾經有過這樣的煩惱。看到班上品學兼優的同學，就會想「明明上同一堂課，為什麼那個傢伙考得那麼好？在補習班也是上同樣的課，我和他卻差那麼多！到底為什麼？明明我每天都那麼用功……」。

面對這個煩惱，請先不要找理由，例如：「我們的大腦結構不同」「他的血統較好」「這是遺傳問題」等，先好好擁抱與讚美現在的自己。

不可否認地，剛剛舉例的那些理由很可能是原因所在，但那也僅限於少部分的天才。

這種萬中選一的天才出現的機率相當低，我們身邊不可能有那麼多天才。

接著要思考的理由是「唸書方法不同」。其實，會唸書有會唸書的機制，只要照著做，任何人都可以提升學校成績。

我過去出版的書籍和發表的文章，也介紹過唸書方法，想要知道詳細內容，請您參考那些書籍與文章。不過，以嵯峨太太小孩的狀況來說，他們的成績其實都不錯，因此唸書方法應該不會差太多。

有沒有認真備考，可以從考試狀況修正，但這不是問題的本質。

話說回來，明明上同一堂課，為什麼結果不同？

我指導過的學生超過三千五百人，還在東京大學研究所前後待了超過六年，實際向東大生求證，發現了一件事。

我想在這裡告訴您我的發現。

我先從結論說起。簡單來說，

「會唸書的小孩，非上課時間也在學習。」

這就是我的發現。

他們時時刻刻都在「學習」，所以他們與其他學生的差異，不是來自於表面的上課時間。

容我說得簡單一點。

「學習」大致可分成三種類型，分別是：

①上課時左耳進，右耳出的人

②只在課堂上學習的人

③除了睡覺之外，隨時都在學習的人

①上課時左耳進，右耳出的人

每個班上都有這樣的學生，其實我以前也是這樣。每次有人問我：「你有認真聽課嗎？」我都不敢說「有」，因為我只是坐在椅子上默默地將老師寫在黑板上的字，謄寫在自己的筆記本中罷了。偶爾遇到老師岔開話題，聊起一些與課業無關的瑣事，我才會「打開耳朵」，仔細聽老師說話。等到老師又開始上課，我才再次進入「自動筆記」模式。

我相信大多數人都有過這樣的經驗，其實學生每一天都要花許多時間上課，如此虛度時間真的很不可取。

以常態分布而言，像我這樣虛度上課時光的人，占整體的六九%。若以五分法來比喻，大概就是三以下的等級。

②只在課堂上學習的人（只在唸書時間才學習的人）

這個類型指的是上課時好好學習，在家預習複習或做功課等唸書時間也專心投入的人。

這類學生在公立學校通常都能考到較好的成績，畢竟大多數學生都屬於第一類。

我認為嵯峨太太的小孩應該屬於這一類，因此才能在班上取得好成績。在常態分布下，這類人占整體比例屬於五分法中的第四等級。

③除了睡覺之外，隨時都在學習的人

這類型的人能力最好，可能很多人懷疑這類人真的存在嗎？答案是，他們真的存在。

許多頂尖大學都有很多這樣的人。**他們無論是在與別人說話、看電視或走在街上，都已養成用心感受、好好思考並擁有自我意見的習慣。**這個習慣深化他們的教養與思考力，培養記述力與撰寫小論文等表現自我的能力。

一般人從家裡走到車站，除非周遭景色有很大的變化，否則通常不會有什麼感覺。**但第三類的人會有許多新發現，並從中思考，衍生許多想法。**

由此可知，第三類的人獲得的資訊量與第一和第二類的人截然不同。只要和第三類人一起出去旅行就能體會這一點。第一與第三類的人從經驗中獲得的知識量可說是天差地別。

在常態分布下，第三類人占整體七％，位於第五等級。

從這一點來思考，上同一堂課卻有不同結果，可說是理所當然的道理。

不只是上課時如此，**日常生活也會呈現截然不同的結果。**

話說回來，怎麼做才能成為第三類的人？

為了達成目的，**必須明白「察覺的樂趣」、「理解的樂趣」與「思考的樂趣」**。

不過，這些樂趣並非那麼簡單就能領悟。

別擔心，過去我指導過眾多學子，早就知道一個好方法。

那就是**「讓對方說出與別人不一樣的意見」**。

對於身負指導職責的人而言，要讓別人說出與眾不同的意見，通常會先提問，例如**「你有別的看法嗎？」「你有其他意見嗎？」**，藉此引導對方思考不一樣的意見。

這類引導方法可以讓對方自然進入「察覺↓理解↓思考」的過程。

此時無論對方說什麼都不能否定，**只要讓他習慣這樣的過程，就能改變大腦結構。**

建議嵯峨太太，平時和孩子聊天時，不妨鼓勵孩子嘗試思考與眾不同的想法。

只要孩子養成習慣，就能大幅提學習力。

此外，我在刊載這篇文章的時候，特別著墨於如何成為第三類型的人，針對「與眾不同的想法」進行回答。

身為補習班老闆，我有許多教導孩子的方法，這只是其中之一。其實還有無法在文章中明寫、「更深層的本質上的方法」。

這篇文章介紹的**「三大學習類型」正是在相同環境與條件下，導致不同成果的原因**。接下來我將進一步說明。

類型1　上課時左耳進，右耳出的人

第一種學習類型是**「上課時左耳進，右耳出的人**（看似在學習，實際上根本無心學習的人）」。

以下這兩種是最好的例子：

- **坐在椅子上聽課，卻完全沒將授課內容聽進去。**
- **確實乖乖坐在椅子上聽課，但只是像抄經文般將黑板上的字謄寫在筆記本中。**

「第一類人」並非全然不聽課，他只在老師開始聊天或說一些有趣的事情，才會打開耳朵。

由於這個緣故，他獲得的知識是片段的，沒辦法在腦中系統性地統整歸納，讓上課變成短暫的「體驗」。

從商業角度思考「第一類人」，這類人將工作看成單純的工作，只做上司交付的工作，其他完全不想。

至於自己要做的工作也只當成制式化的例行公事，完全不想學習制式工作以外的事情。

【例外】有些人沒有認真學習卻能創造好成績，我將這種人稱為「擁有天才型能力的人」。

這類「天才型」人物乍看之下對別人說的話不感興趣，也無心學習，只活在自己的世界裡。但事實上，他們認真聆聽，在腦中組織、「自成體系」，建立豐富的知識庫。

不過，這類「例外」情形十分罕見，千萬不能將所有第一類人都當成天才看待。

類型2 只在課堂上學習的人

第二類指的是只在課堂上學習、只在工作時學習的人。其實這類型的人最多，在一般人眼中，他們都是認真上課、認真工作的人。

這類型的人通常受到他人信賴，外界也能期待他們未來的成長。他們的學習方式是俗稱「有常識的人」最常採用的方式。

不可諱言地，他們的學習方式不差。不只是不差，在世俗觀念裡，他們的學習方式可以說是「非常好」，無論在學校或職場都能游刃有餘，不會遇到任何阻礙。

不過，**這類型的人早晚會遇到無法突破的瓶頸，因為第二類型的學生只在課堂上用功；第二類型的社會人士只在工作時學習。**

第二類人有以下三個特質：

① **經常將「兼顧」兩個字掛嘴邊**

以學齡孩子為例，就會說「兼顧課業與玩樂」「兼顧學業成績和社團活動」；若是上班族，則會說「兼顧工作與生活」。

「兼顧」這兩個字背後的意義就是**指稱的兩個事物是分開的**，也就是課業與玩樂是分開的、工作與生活是分開的，如何取得兩者平衡，就是當事人要面對的課題。

② **認為「氣勢」、「毅力」、「努力」是正確的**

不要誤會，我並非否定這些辭彙，它們都很好，**只不過這些名詞屬於精神層面，這些特質需要靠精神力實踐，很難長久堅持下去**。

簡單來說，一旦失去幹勁，人就會面臨一蹶不振的風險。

順帶一提，「企圖心」、「毅力」、「努力」是二十世紀（在日本稱為昭和型）的關鍵字，這些都已經逐漸變成不符合二十一世紀的舊辭彙了。

③多半會責備無法成為一流菁英的自己

只有極少數「第二類」有機會成為第一把交椅。他們認為努力一定會有回報，因此勤勤懇懇，但通常做不出什麼大事。

若以十分法為例，他們可以爬到九的位置，卻永遠升不上十。

不僅如此，當他們盡一切努力卻無法成為一流菁英，便開始看輕自己或產生罪惡感。在極少數的情況下，有些人會湧現忌妒的情緒反應。最後就會放棄。

這類只在學習場合學習的人都有「極限」。

當然，並非所有第二類人都想攀上顛峰，覺得平凡人生也很好，不再汲汲營營，也是很棒的生活態度。

不過，一定要特別注意負面的心理影響，千萬不要感到自卑，或忌妒攀上顛峰的人，否則就會責備自己沒用，努力卻無法看到成果。

類型3 除了睡覺之外，隨時都在學習的人

第三類是只要起床就開始學習的人。比起第二類「只在課堂上學習的人」，第三類人**學習時間肯定高出許多**。

以學齡兒童為例，假設有名學生每天在學校上課六小時，回家後自己用功一小時，再到補習班上課兩小時。

其實這樣的學習時間已經很多，但一天也只有九小時。

若是一起床就開始學習的「第三類型」，假設他們睡覺時間為八小時，代表學習的時間就是十六小時。不只是看電視，就連上下學途中、和同學玩、和父母溝通、打電動的時間都在學習，這樣的人怎麼可能不成功。

若是「第三類型」的上班族，他們在通勤途中、回家途中、午休、假日、從事與

趣、和另一半或孩子聊天、在咖啡館悠閒放鬆時，腦中都在思考，隨時學習新知。

這類型的人會將休息時想到的點子、想法、技巧、方法，自然而然地運用在工作上。也就是說，雖然表面上有公私之分，但在意識和潛意識的世界中，是沒有任何界線的。

孩子也是一樣，許多孩子以為只有坐在書桌前用功才是學習，也因此才出現了父母看到孩子坐在書桌前用功就會安心的神祕現象。

其實，這只是學習的一部分，**真正會唸書的小孩，絕大多數的學習來自於書桌以外，並將學習到的知識運用在書桌上**（以學習科學領域來說，「第二類」屬於「有意學習（想學習時學習）」，「第三類」則是「偶然學習（從事物中學習）」）。

從比例來看，「第三類人」數量相當少，但在我過去教過的學生中，也有一定的人數，我認識的上班族、生意人也有這樣的人。

他們都在各自的領域發揮出色的能力，而且樂在學習、樂在工作、樂在人生。

「類型1與2」的人可以升級至「類型3」嗎？

明白學習的類型有三種之後，出現了下一個問題。

「第三類人是在上天的眷顧下出生的嗎？」

他們確實很特別，他們的能力看在普通人眼裡覺得不可思議、望塵莫及，但事實上，**「第一類與第二類人」可以靠後天的努力升級成「第三類人」**。

為了達成這一點，各位必須先明白一件事。

那就是**為什麼「第三類人」除了睡覺以外，所有時間都在學習**的這個「謎」。

其實這個謎題的答案很簡單，也是本書的重點。

當你明白這個謎題的答案後，請務必讓自己、讓自己的孩子、讓自己的部屬升級成「第三類型」。重點是，升級一點也不難。

我將在下一章仔細說明「第一類型、第二類型」與「第三類型」不同的「祕密」。

第三章

能力強的人「大腦構造」與眾不同嗎？

在第二章的最後，我提出了「為什麼能力強的人除了睡覺以外，所有時間都在學習」這個問題。

明明沒人教，卻養成一起床就學習的習慣，大家應該可以想像這樣的人原本就天資聰穎。

簡單來說，我認為「時時刻刻都在學習的人」是**「大腦『操作系統』版本最新的人」**。

「大腦『操作系統』？」「什麼是版本？」各位可能聽得一頭霧水。

「操作系統」在現代IT社會是耳熟能詳的用語，近幾年隨著智慧型手機普及，使用「操作系統」這個用語的人也越來越多。

容我先向各位說明什麼是「操作系統」。

何謂「大腦『操作系統』版本較新」？

「操作系統」是電腦用語，是「operating system」（OS，作業系統）的意思。智慧型手機也內建了類似Windows與Mac的「操作系統」，稱為iOS或安卓。與作業系統相對的是「softwear」，也就是「軟體」，Word、Excel、PowerPoint等就是軟體。以智慧型手機而言，就是「應用程式」（App）。

簡單來說，電腦需要「操作系統」與「軟體」才能運作。沒有**「操作系統」，就無法啟動軟體或應用程式**。我想先請各位思考這件事。

Windows是「操作系統」，誕生並普及於一九九五年，因此這一年推出的「操作系統」版本稱為「Windows 95」。

全世界可以說是從這一刻掀起了IT革命，Windows在全世界電腦的市占率遠勝於其他「操作系統」。

我要請問各位一個問題，最早期的Windows，也就是Windows 95可以安裝最新的文書處理軟體「Word2019」嗎？

大家都知道，答案是不可以。從我們的自身經驗也知道，二十六年前的「操作系統」不可能安裝最新軟體。就算舊版「操作系統」可以安裝最新軟體，也不可能跑得動（畫面一定會卡住）。

當然，如果是最新的「操作系統」，也就是Windows 10，絕對可以安裝任何最新軟體，跑起來也會很順暢。

如此解釋，各位應該瞭解「操作系統」與軟體之間的關係了吧？

我想說的是，**「操作系統」與軟體都有「版本」之分，如果沒有最適合的版本搭配，就無法啟動軟體。**

強迫「安裝軟體」的父母與「操作系統」假當機的小孩

事實上，人類的大腦也能以電腦的「操作系統」和軟體來比喻，各位的大腦裡也有可以對應成電腦「操作系統」和軟體的東西。

我們人每天都在安裝軟體，以小孩為例，所謂的軟體就是國英數理社等學校教學的科目。孩子們每天都在學校學習許多科目，換句話說，**「他們每天都在安裝名為『科目』的軟體」**。

不過，若是如此，就會產生以下的問題。

「『操作系統』版本較新的孩子可以安裝任何軟體（科目），但『操作系統』版本較舊的孩子，不僅無法安裝軟體，還會出現『假當機』狀態。」

若搭載的是可以應對小學課程內容的「操作系統」，就讀小學時不會遇到任何問題，一旦升上國中就會發生假當機。

若搭載的是可以應對至國中課程內容的「操作系統」，在國中畢業之前不會有任何問題，不過，遇到高中課程就會假當機。

與軟體相容的「操作系統」不會發生假當機，**會假當機的孩子，是因為大腦搭載的「操作系統」版本跑不動最新軟體**。

不僅如此，這個名為科目的軟體每年都會改版，例如：「中一數學」、「中二數學」。

那麼，「操作系統」又是如何？「操作系統」也會隨著年齡增長逐漸改版升級。

只不過，有些孩子每年會從版本1升級成版本2，有些孩子只會從版本1升級成版本1.1或版本1.01。

總而言之，有些孩子只能做到「小改版」，有些孩子不僅可以做到「大改版」，還能升級「操作系統」。

這就是「學力成長的真相」。

話說回來，許多父母在家裡會強迫孩子唸書，想盡辦法安裝各個軟體（科目），或是讓孩子上補習班。

偏偏孩子的大腦「操作系統」版本並未升級，強迫安裝新軟體的結果，不僅不會產生任何改變，還會導致「操作系統」假當機。

由於家長沒有大腦「操作系統」的概念，依舊持續強迫孩子「安裝各種軟體」。

大腦「操作系統」版本是在人生的哪個階段決定的？

看完上述內容後，各位有何感想？或許有人會「嚇一跳」。

但接下來我要告訴各位更「驚悚」的事實。

電腦在出貨時就已經決定了「操作系統」版本，各位如果現在買電腦，裡面搭載的「操作系統」一定是「Windows 10」。

當你購買「Windows 10」的電腦，日後製造商如果推出了新一代「操作系統」版本，就會提供升級版讓用戶下載更新。如此一來，舊用戶也能享受到比購買時更新的作業系統。

那麼，人類又是什麼狀況呢？

就像電腦出貨時已經決定了「操作系統」版本，人類是否也在「媽媽卸貨時」決定好了「操作系統」版本？

說得明白一點，人類大腦的「操作系統」搭載什麼版本，其實一出生就決定好了。

大多數人相信「有的人就是天資聰穎」，道理就是如此。

目前已發表的學術論文很少直接研究天資這個主題，但最近有一項研究則是針對「與智力有關的遺傳與環境」。

根據這項研究，有一份文獻認為「智力會受到遺傳影響」，另一份文獻則認為「智力會受到後天環境改變」，最近新的研究論點則是「邏輯推理能力」、「深度知覺」等能力，受到遺傳影響的比例接近七成（出處：安藤壽康《遺傳心理》有斐閣）。

另一方面，美國心理學家詹森（Arthur Jensen）認為「**遺傳與環境相互作用**」，成為現代的主流觀點。

無論如何，環境會影響一個人如何發揮其遺傳特質，除了擁有與生俱來的能力，後天環境也會改變能力特長。

由此可以推估，大腦的「操作系統」也是一樣的。換句話說，**大腦的「操作系統」版本雖然在出生時就決定了，但是，後天環境可以改變「操作系統」版本的新舊程度。**

不可否認地，每個人天生的才能都是不同的，例如，有些孩子下將棋的能力與職業棋手不相上下，有些孩子則是在體育競賽表現出色，有些孩子則是在藝術領域發揮所長（不過，這些才能是否能開花結果，還是必須倚賴適合的環境與嚴格的訓練）。

此外，有些孩子在學業上表現卓越，甚至達到「跳級」就學的程度。儘管不到跳級的高水準，但在我親自指導、超過三千五百名的學生之中，也有不少在正常教育體制下表現出超乎想像能力的孩子。例如，小學四年級生發揮出相當於國中、高中的學力。

這些孩子從小都是公認「與眾不同的學生」，因此一般人總是以「那個孩子和別人不一樣」「他天生就很聰明」等角度看待，從來不思考為什麼他這麼會唸書（亦即從未思考要升級「操作系統」版本），只是一味地安裝眼前的科目（軟體）。

正因如此，**才會一直使用二十世紀的關鍵字「企圖心、毅力和努力」，要孩子「再多努力一點」，或責備孩子「缺乏企圖心」**。

以上我以孩子來舉例，其實大人也不例外。以「大腦『操作系統』有版本之分」的前提來思考，就能明白如今發生的各種現象。

成年人的大腦也能分成「操作系統」和「軟體」來解釋。

有些人無論在同一家公司的哪個部門，都能創造佳績，這類人的大腦「操作系統」版本較新。即使進入一個陌生部門，也無須從頭學習。**大腦「操作系統」版本越新，只要安裝新軟體（新部門的工作內容）就能運作。**

不過，大腦「操作系統」版本較舊的人很難安裝新軟體。因此他們只能重複再重複，無論過幾年都要重複相同過程，重複學習。

當然，重複學習並非壞事，我只想點出有些人一接手新工作就能立刻掌握訣竅這個事實罷了。這項事實的背景就是「大腦『操作系統』規格不同」。

大腦如何刻意升級「操作系統」版本？

在這個階段，我必須先說明兩件事：

① 大腦「操作系統」版本的新舊程度與人生是否幸福毫無關係

② 大腦「操作系統」版本可以慢慢升級

① 大腦「操作系統」版本的新舊程度與人生是否幸福毫無關係

大腦「操作系統」版本越高，能力就越強，做任何事都游刃有餘，因此一般人總以為這樣的人會過著幸福快樂的人生。

確實有些人很幸福，但並非全部，請各位務必注意這一點。

我認為「珍惜別人的人」獲得幸福的機率較高，「偏差值較高的人」、「『操作系統』版本較新的人」不一定能過得幸福。

唯一可以確定的是，**大腦「操作系統」版本越新的人，至少在學校的課業表現出色，在公司的工作能力備受肯定。**課業成績好，代表從國小一年級到高中三年級的十二年間，很可能過得輕鬆愉快，對自己充滿自信。

基於這個緣故，我一直在告訴大家如何升級大腦「操作系統」版本。我在指導學生的時候，也是依照**「先升級『操作系統』再教各科目內容（軟體）」**這個順序教導的。

②大腦「操作系統」版本可以慢慢升級

我在先前說過，大腦「操作系統」版本極可能是一出生就決定好了的；我也說過，**大腦「操作系統」版本會隨著年齡增長自然升級。**

假設有一位成年人與就讀幼稚園的三、四歲小孩一起玩，如果他的角色不是「陪玩」，而是將自己當成幼稚園的小孩一起玩，他一定會覺得遊戲過於簡單，甚至覺得很蠢，不一會兒就玩膩了。

成年人有這種感覺的原因，就是因為他的**大腦「操作系統」版本從幼稚園開始便一路升級。**

處理資訊或思考的能力，會隨著一個人的成長自動增強。姑且不論幼稚園孩童這種差異太大的例子，假設一名成年人閱讀高中入學考試的國語文題目，絕對比自己十五歲時更有感觸，更能答出正確答案。

之前我曾經在成年人的讀書會，請成員們解開大考中心出的國語文題目。大家剛看到題目時，都嚇得臉色發白，但最後還是順利解開了。

我希望各位思考一件事，這些人長大後已經不唸國語文課本了，為什麼還是能解開大學考試的國語文題目？

原因就是成年人**大腦的「操作系統」版本比高中時代更新更快**。

誠如我先前所說，遺傳會影響智力，但後天環境的影響也很大。

也就是說，將自己放在原有環境中也會自然成長，但如果能**「刻意打造學習環境」，成長效果將會更大**。

總而言之，即使放著不管，人類的「操作系統」規格還是會隨著年齡增長升級。唯一要注意的是，在國小、國中與高中階段，與其等待大腦「操作系統」規格自然成長，不妨**刻意去做「某件事」，更能大幅提升「操作系統」版本**。

大腦「操作系統」究竟是什麼？

在前方頁面中，我介紹了許多與「操作系統」有關的內容，但追根究柢，「操作系統」究竟是什麼？

若不能明白「『操作系統』在大腦的作用」，就無法升級大腦「操作系統」版本。

接下來我要進入本書的核心部分了。

簡單來說，**大腦「操作系統」就是「思考力」**。

一聽到這個答案，可能有人些讀者覺得「這也太普通了吧」，一點也不出乎意料。

我想問各位一個問題，各位能清楚說明「思考」這個辭彙的意義嗎？

其實「思考」這個辭彙很「特別」，相信各位不是很清楚它真正的意義。

從小到大，我們無論在家庭、學校或公司裡，都經常使用這個辭彙。例如：「你好好思考一下！」「你只要思考一下就明白了」「正因為你沒有好好思考，才會有這個結果！」「大家一起來思考吧」等。但事實上，各位可能都是在「不知不覺」的狀況下使用這個辭彙。

成年人都不明白其中奧義了，小孩子又怎麼會知道呢？所以，當你跟孩子說「好好思考」，或要求部屬「想清楚一點」，他們一定會感到一頭霧水，大腦開始「假當機」。

在假當機的狀況下，如果又被指責「你根本沒有認真思考」，就會變成真正的當機了。

那些公認天資聰穎、「操作系統」規格較高的人，他們早就已經養成「思考」的習慣，因此可以順利學習，考出好成績。

不只是國英數理社等學科科目，音樂、美術和體育等術科科目也表現出色。這些學生長大後進入社會，也會創造驚人的工作成績。

總而言之，只要瞭解「思考」的真義，就能快樂學習。

第四章

「腦袋清楚」與「腦袋混沌」的決定性差異

有的孩子懂得弦外之音，有的孩子只會看字面之意

在第三章的最後，我提到大腦「操作系統」的真面目就是「思考力」。由於一般人都忽視「思考」這件事，這個世界才會發生這麼多匪夷所思的事情。這一章就從這一點切入吧！

接下來我要介紹一封讀者來信。只要看完這段內容，就能充分理解「思考力」究竟是怎麼一回事。

問題

我有一名就讀國中二年級的兒子，他從小國語文成績就很差，也從不閱讀。

我聽說「閱讀可以提升國語文能力」，也知道強迫是不好的行為，但還是一直逼他養成閱讀的習慣。

但逼他閱讀並沒有達到效果，反而讓我完全不知道該麼做才能提升他的國語文成績。

我想他一定沒將文字讀進腦子裡，我該怎麼做才能提升他的解讀能力？請你給我一點建議。

（化名：山口太太）

回答

「國語文成績很差、沒有解讀文章的能力、翻開書卻一個字也沒讀進去，我該怎麼做才好？」——真的有很多人問我這個問題。

如果是小學時期，除了要考國中之外，幾乎絕大多數的時間都可以蒙混過關。一但升上國中之後，幾乎所有學生都要考高中，因此再也無法存有僥倖心理。

其實仔細想一想，從來沒有人教過我們如何學習國語文。那些從小會唸書的孩子，國語文能力天生就比較好，並非硬逼自己閱讀，就能考出好成績。

不可否認地，閱讀是提升國語文能力最好的方法，但現代社會的閱讀風氣越來越不熱絡，閱讀並非國語文成績好的唯一方法。強迫不喜歡看書的人閱讀，反而會讓當事人更加「討厭」閱讀。

藉由這次諮詢的機會，讓我來跟山口太太聊聊「國語文成績差的最大原因」。

請問您看過自己孩子閱讀文章的模樣嗎？

例如：在家做功課講義、看電子郵件、看電視節目的字幕等。

不瞞您說，閱讀文章有兩個方法。

第一種是**「邊讀邊理解」**，這種方法能讓閱讀者充分理解文字內容，某種程度上，閱讀者還能與文字融為一體。

那麼，第二種方法又是什麼呢？那就是**「只看字面」**。「只看字面」就是眼睛隨著編排好的文字，一個字一個字地移動。

各位可能會懷疑，真的有小孩這樣讀書嗎？其實還不少，我在高中畢業之前就是如此。

那些「只看字面」的孩子，國語文成績都不好，連帶影響其他科目的課業表現。

即使父母從旁觀察也不可能瞭解自己的孩子採用哪種閱讀方法，唯有注意孩子唸書的情景才知道。

這種狀況其實有一個很大的陷阱，那就是**身邊的人看不見真正原因，因此根本不曾想辦法改善**。

話說回來，為什麼我知道真正原因呢？因為這是我的親身體驗。我從國小開始，國語文（國語文）成績就很差。

國高中時代的國語文課都是拿來補眠或放空的，不只上課內容無聊，課本內容也很無趣，完全引不起我的興趣。不過，當時我的精神年齡還跟不上文章的內容。

所以我閱讀文章時都是在「看字面」，找出答案的過程就像「尋寶」一樣，並非那麼簡單。

在這種狀態下，根本不可能理解文章的意思，更別說是要提升國語文能力了，簡直是癡人說夢。

由於沒有能力理解文章的意思，學習英文也很容易遭遇瓶頸。上數學課時，只是一味地將公式記入腦子裡，絲毫不瞭解數學的意義。因此只要遇到沒有公式可以套用的題目，立刻舉手投降，必須重新記憶新的「公式」才行。

幸運的是，我遇到了轉機。我的國語文偏差值在短短半年間，從四十增加到將近八十。

你認為產生這個變化的原因是什麼？原因在於**我培養了「思考力」**。也就是說，我**「培養了理解文章能力的意思」**。

培養「思考力」等於擁有解讀能力，自然能反映在數字上。任何人都能培養思考力，成績不好的孩子是因為沒人教他們「思考」，所以他們一直沒有「思考力」。

以我為例，我當時陷入人生的最低潮，不得不思考如何奮起，因此培養出「思考力」。一般人可能未曾遭遇人生谷底，所以不具有思考力，終其一生庸庸碌碌。

後來我開始在補習班教學生，發現跟我有相同「症狀」的孩子非常多。**「無法理解文章涵義的孩子們」最近在日本社會掀起話題**，無論是從統計數據，或根據我指導過三千五百多名學生的親身經驗來看，我可以確定無法理解文章意思的孩子數量，比可以理解文章意思的孩子數量遠遠超過許多。

容我先具體說明剛剛提及的兩個讀書方法。

一個是「只看字面的讀書法」；另一個則是「理解文章涵義的讀書法」，這兩個讀書方法有何不同？

●「只看字面的孩子」與「理解文章意思的孩子」之差異
＝「不思考的孩子」與「思考的孩子」之差異

一、假設有一個國語文題目是「主角為什麼要做〇〇事？」，請上述兩個類型的孩子回答：

↓只看字面的孩子會「從文章找出答案」。

↓理解文章意思的孩子會想「一般人不會做〇〇事」。

二、假設有一個英文題目是「I don't like Ken, because he is always late for school.」，請上述兩個類型的孩子翻譯：

↓只看字面的孩子會直譯「我不喜歡肯恩，因為他上學老是遲到」，接著就做下一題。

↓理解文章意思的孩子會想「上學遲到為什麼會成為討厭的理由？」。

這就是「只看字面的孩子」與「理解意思的孩子」之間的差異，也可以說是**「具有解讀力」的孩子與「沒有解讀力」的孩子之間的差異**。

各種場合都能發揮理解文章涵義的能力，無論是學習哪個科目、無論在哪個領域，甚至是工作與日常生活，理解力都是很重要的一種能力。這就是所謂的「見微知著」。

各位覺得如何？

從閱讀國語文文章到翻譯英文句子的案例中，不難理解「思考」究竟是什麼樣的狀態。

不只是國語文成績差的孩子，就連成年人也可能在不瞭解真正意義的狀況下，完成表面作業（只看字面的讀書法）。

用功學習的時候最能看出這一點。在不明白意思的狀況下，只要死背硬記也能考出好成績，但這個作法太無趣，硬背的內容也會很快忘記。

這個作法不僅無法累積實力，也不可能靈活運用。

這也是我撰寫本書的理由。事實上，不只是大多數孩子，社會人士也很可能在「不思考」的狀況下，過著制式化的呆板生活。

想。

於是，不少人被流竄在網路上的消息耍得團團轉，人云亦云，失去自己的中心思

大家都知道以自己的大腦思考、判斷、執行是很重要的事情，如果不走出第一步，也就是「思考」，便無法做出適當的判斷。

總而言之，**只要培養「思考力」，就能獲得經營人生所需的資訊與啟發，而且這些對自己有利的情報量，絕對遠勝於不思考的情形。**

成年人也需要培養思考力，但我特別希望孩子們從小就學會「思考」。**如果我們能讓孩子們更新大腦「操作系統」版本，他們在接下來的人生就能看到與以往截然不同的「景色」，甚至還能打造「凡事都做得到的自己」。**

當然也能提升自我肯定感。

兩個技巧升級大腦「操作系統」版本

接下來要闡述如何升級大腦「操作系統」版本，在進入主題之前，先統整一下前方頁面的內容。

1 在相同環境與條件下，「能力強」與「能力差」的人之間的差異，來自於「大腦『操作系統』規格不同」。

2 大腦「操作系統」規格雖是一出生就決定，但還是能靠後天的努力升級。

3 大腦「操作系統」規格的差異來自於「思考」與否。

4 總的來說，想要升級「操作系統」版本，平時就要養成「思考」習慣。

以上就是統整後的重點。接下來我要從第四點內容出發，闡述**「養成思考力的兩大基本技巧」＝「升級大腦『操作系統』版本的兩大基本技巧」**這個主題。

我以淺顯易懂的方式，簡單統整進入「思考」模式的兩大技巧。

- **升級大腦「操作系統」版本的技巧1「抱持疑問」**
- **升級大腦「操作系統」版本的技巧2「統整要點」**

再從兩大技巧細分，可以強化下列思考訣竅：

● **升級大腦「操作系統」版本的技巧1「抱持疑問」**

↓

「①原因分析力」

「②自我表現力」

「③問題解決力」

● 升級大腦「操作系統」版本的技巧2「統整要點」

↓「④抽象化思考力」

「⑤具體化思考力」

不僅如此，還有強化大腦「操作系統」版的五大輔助訣竅：

↓「⑥積極思考力」

「⑦目的意識力」

「⑧原點回歸力」

「⑨假設構築力」

「⑩問題意識力」

下一頁有更加簡單明瞭的結構圖示。

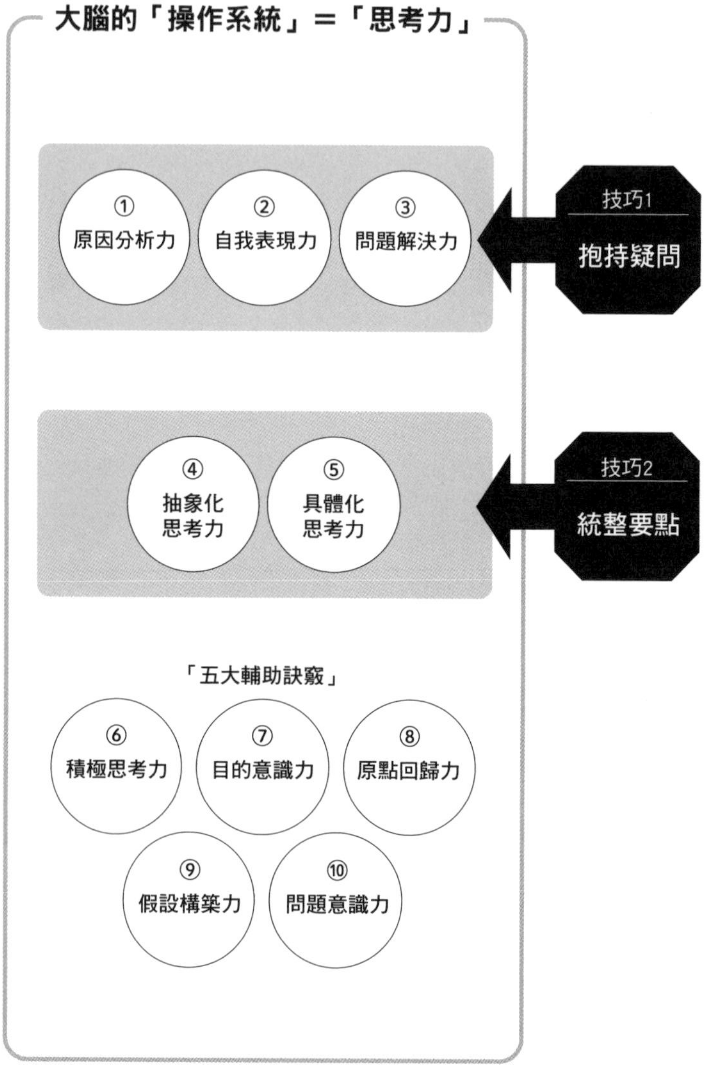
大腦的「操作系統」＝「思考力」
①
原因分析力
②
自我表現力
③
問題解決力
技巧1
抱持疑問
④
抽象化
思考力
⑤
具體化
思考力
技巧2
統整要點
「五大輔助訣竅」
⑥
積極思考力
⑦
目的意識力
⑧
原點回歸力
⑨
假設構築力
⑩
問題意識力

此外，誠如我在〈作者序〉中所說，任何人都能輕鬆使用的「學習法（十個魔法關鍵句）」，有助於提升上述十大訣竅。

我將從下一章起，詳細解說每一項訣竅，並搭配具體的「提問」範例，讓各位更容易理解。

第五章

大腦「操作系統」版本升級技巧1「抱持疑問」

為什麼「魔法關鍵句」很重要？

在具體介紹魔法關鍵句之前，先說重點，也就是**「魔法關鍵句」為什麼有效？**

現行日本的學校教育有一本《學習指導要領》，裡面寫著「指導科目」的方法，老師只要按照內容教學生即可，但裡面的用字遣詞完全不符大腦「操作系統」的需求。

二〇二〇年之後出版的全新《學習指導要領》，則明記要重視「思考力」。不過，還是沒有具體說明如何培養思考力，可說是美中不足之處。

我相信今後「重視思考」的機會將越來越多，但如果沒有告訴大家如何思考，也不可能產生任何改變。

如此一來，日本的教育水準將和過去一樣，只有天生大腦「操作系統」規格較高的孩子可以考出好成績。明明只要傳授方法，任何人都能改變，這樣真的太可惜了。

近年來企業界也有越來越多人認為，溝通能力、解決問題的方法和邏輯思考相當重要。

可惜的是，現實生活中只有天生具備上述能力的人表現出色，即使公司開設員工訓練課程，也無助於改變現況。

為什麼會有這樣的現象？原因很簡單，因為「應該論＝應該這麼做的說法」成為主流，沒有人提倡「如何論＝如何做才能達成目的」的概念。

過去我每年在超過五十家上市企業，針對管理階層開設進修課程，我的親身經驗讓我看到了企業界的真實業態。

綜觀學校教育和企業進修的實際狀況，我發現一件事。那就是大家習慣誇大事實，或是以誇張的方式表達一件小事。

這個作法會讓聽者（聽眾）把一件小事想成困難的、複雜的以及自己做不到的事情，覺得些事情都與自己無關。

教育必須簡單，若是沒效，很難讓人堅持下去。

最重要的是使用簡單的「辭彙」。必須使用既簡單又有效的辭彙，因此我才將其稱為「魔法關鍵句」。

魔法關鍵句用在自己身上是「自我啟發」，用在別人身上則是「教育」。

1 打造「原因分析力」的魔法關鍵句

升級大腦「操作系統」版本的第一個技巧是**「抱持疑問」**。

其實「抱持疑問」是自古流傳下來辭彙。

常聽人家說「凡事抱持質疑的態度」，但在學校教育裡，我們幾乎沒做到這一點，因為學生不能質疑老師的教學內容。

「老師的教學內容永遠是對的」——這是所有人的默契，久而久之，學生自然也就忘了要「抱持疑問」。當所有人都接受這樣的教育，當然不可能養成「抱持疑問」的習慣。

一般而言，學校教育最常用的疑問詞是「什麼？」「何處？」「誰？」「何時？」與「（選擇題）哪一個？」。

只要在腦中輸入「知識」，這些問題全都回答得出來，但如果腦中沒有這些知識，就無法回答。

此外，這樣的狀態不是「思考」，想要培養出會思考的頭腦，必須使用其他的關鍵詞。

那就是**「為什麼？」**（Why）。

這正是**「原因分析的魔法關鍵句」**。

升級
「操作系統」版本的
魔法關鍵句1

「為什麼？」

（原因分析力）

假設有人問你「請問你家在哪裡？」一般都會回答住家地址（地點）。這是「知識」，因為腦中早就有地址這項資訊，所以回答得出來。

不過，若是對方再問下一個問題，你會怎麼回答？

「你為什麼想住在那裡？」

要是對方這麼問，大多數人肯定會想「為什麼」吧？這個時候，電流通過了你的大腦細胞突觸，進入了「思考」狀態。

人類的大腦會改變運作方式來面對別人提出的疑問，雖然「什麼？」、「何處？」、「誰？」、「何時？」與「哪一個？」等疑問句也是很重要的訊息，但無法讓人思考。

其實大多數人小時候對任何事情都「抱持疑問」。孩子對所有事都感到興趣與好奇，每當遇到想瞭解的事情就會問：「媽，這個為什麼會這樣？」

剛開始父母都會耐心回答：「因為這個是○○，所以會這樣。」但被問久了，父母就會開始感到不耐煩，於是口氣不好地回答：「這本來就是這樣！」到最後乾脆連回答也不回答了。

到了這個地步，孩子會覺得問也沒用，於是放棄「抱持疑問」。

說真的，其實回答**「我也不知道為什麼會這樣」**也可以，讓孩子明白父母也不知道答案，但父母就是會不耐煩。

當**你問別人一個問題，對方就會開始動腦。**

當你問自己問題，就會養成自動思考的能力。

雖然外人不知道，但那些國語文成績好的孩子都會「在心裡問自己問題」。換句話說，他們在閱讀文章時，會問自己：**「奇怪？為什麼會這樣呢？」**

持續問自己問題，就能「看到」近似答案的啟示，這一點真的很奇妙。聽起來很不真實，卻是真的（只不過當事者是在腦中默默問自己問題，身邊的人完全看不出來，因此外人也不明白箇中原由）。

一般人幾乎不會質疑自己的日常生活，因為人們完全不接收周遭資訊。問題出在大腦構造。大腦有一個特質，就是「只看自己想看的事物，只聽自己想聽的聲音」。日常生活中只接收自己感興趣的訊息。

由於這個緣故，人才會出現「視而不見」、「充耳不聞」等狀態，能進入大腦的情報量十分有限。

為了突破現狀，人們一定要問自己「為什麼？」、「怎麼會這樣？」等問題，提高專注力，開始運用大腦。

因為真的很重要，容我再次重申**「有人問，才會『思考』」**。

近來日本放送協會（ＮＨＫ）的節目《知子醬開罵！》（チコちゃんに叱られる！）頗受歡迎，這個節目專挑一般人認為理所當然的常識對來賓提問，觀眾一看到

節目提出質疑，也會忍不住想「為什麼會這樣呢？」，開始「思考」過去深信不疑的事情。

要是來賓回答不出來，知子醬就會開罵：「不要糊里糊塗地活著！」

這句話是至理名言。我們只看見、只聽到自己關心且感興趣的事物，從這一點來看，我們真的是糊里糊塗地活著，從未抱持疑問呢。

2 打造「自我表現力」的魔法關鍵句

技巧1除了分析原因的魔法關鍵句「為什麼？」（Why）之外，還有另外兩個關鍵詞。

這兩個關鍵詞都使用了「**How**」這個字。

其中之一是「**你有什麼想法？**」。

升級「操作系統」版本的魔法關鍵句2

「有什麼想法？」（自我表現力）

當有人問你的想法，你一定會開始「思考」，而且必須說出來。

從結果來看，你就會養成「**自我表現力**」。

自我表現力是日本二〇二〇年以後推出的新《學習指導要領》中，提出的重點要素之一。過去認為就算沒有自我表現力，只要累積足夠知識量，仍然可以取得一定的成績，但從二〇二〇年之後，進入截然不同的階段。

從很久以前，一般認為社會人士必須具備「溝通能力」，也就是表現力以及表達意見的能力。但實際上開會時有發言權的，還是位階較高的公司高層。現況是，公司的營運方向遵循有發言權的高層意見，使得大多數上班族根本無法養成自我表現力。

我每年為上市企業開設超過五十場研修課程，課堂上最常聽到的問題是「很少人能發揮引導作用」（引導指的是鼓勵眾人發言、統整他人意見等），更令我驚訝的是，因為在公司內部找不到引導者，有些企業委外處理，聘請外部人士來引導自己的員工。

引導者最常說的話就是「你有什麼想法？」。

因此，在上班族的世界中，**「有什麼想法？」這句話不僅可以引導對方說出自己**

的意見，還能訓練對方的自我表現力。

不能問「各位有問題嗎？」的原因
——在學校、企業使用這個技巧，效果最好

還有另一個說法也能在同樣狀況下表達「有什麼想法？」的意思，那就是**「各位有問題嗎？」**，無論是學校或公司開會時，這是最常聽到的疑問句。

但我必須遺憾地告訴各位，這個問法一點意義也沒有，因為絕大多數的人只會回答「沒有」。

他們不是真的「沒問題」，而是在這麼短的時間內很難回答，當沒有人發言，就會讓人誤以為在場的人完全沒有任何問題，或抱持任何疑問。

話說回來，大多數人聽別人說話時並未抱持疑問，因此很難突然提出問題，這也

大家都會回答「沒問題」的原因所在。

各位不妨改問下列問題：

「各位有什麼感想？」

「你有什麼想法？」

如果問的是感想，相信大家都能答得出來，當有人問「你有什麼想法？」時，很少人會說「沒有」。而且通常會在說出感想的過程中，提出自己的問題。

像這樣以詢問意見的方式提問，較容易讓人開口，打造順暢的溝通環境。各位不妨在家裡試試這個提問訣竅。

3 打造「問題解決力」的魔法關鍵句

如果想要解決問題或詢問解決問題的方法，建議這麼問：**「該怎麼做才好？」**尤其是當你感到煩惱時，這是最有效的提問。

有人問你「該怎麼做才好？」時，就會開始**「思考」解決對策**。

升級「操作系統」版本的魔法關鍵句3

「該怎麼做才好？」（問題解決力）

如果問的不是這個問題，結果將會如何？結果就不是進入「好煩惱」→「思考」的過程，而是直接陷入「煩惱」狀態。儘管外表看起來像是在思考，但實際上是在煩惱。

煩惱針對的是過去與現在，而且是一種負面情緒。

不過，只要有人問「你覺得該怎麼做才好？」，就能立刻將你的視線轉向積極的未來，產生正面的思考。

有鑑於此，這個魔法關鍵句**不單只是解決問題，還能在心理層面幫助你打造正面的人格形象。**

「問題」與「課題」有何不同？

剛剛我使用了「解決問題」這個辭彙，接下來我想說明「問題」與「課題」這兩個詞有何不同，許多人搞不清楚這兩個詞的差異，所以每次上企業研修課的時候，我一定會仔細說明。

●「問題」是發生負面事件的狀態

●「課題」是「想辦法解決問題」的積極狀態

舉例來說，「孩子成天打電動，完全不唸書」是「問題」；如果以「課題」來表現，就是**「如何讓孩子打電動也要唸書」或「如何讓孩子不打電動，專心唸書」**。

一般家庭如果遇到孩子打電動的問題，通常大多數家長都會選擇後者的解決方法，也就是**「如何讓孩子不打電動，專心唸書」**。

但事實上前者「如何讓孩子打電動也要唸書」沒有負面用語，是比較有效且可行的方案。

將**「問題」轉換成「課題」，清楚突顯論點，就知道自己「該做什麼」了。**

技巧1

「抱持疑問」綱要

三大魔法關鍵句

「為什麼？」（原因分析力）

「有什麼想法？」（自我表現力）

「該怎麼做才好？」（問題解決力）

第六章

大腦「操作系統」版本升級技巧2「統整要點」

4 打造「抽象化思考力」的魔法關鍵句

升級大腦「操作系統」版本的第二個技巧是**「統整要點」**。

這個觀念極為重要，也是本書「最核心的部分」，我將詳細解說。

以其他用詞表現「統整」這兩個字，就是**「提高抽象度」**。

這可以說是「具備思考力的人」最大的特徵。

大家應該都知道「抽象」、「具體」等辭彙，無論是國語文課本裡的文章或日常對話，全都是由「抽象」、「具體」的內容組合而成。

不過，孩子沒有這種概念，說不定多數成年人也沒有。

國語文成績不好的小孩或無法理解文章意義的人，無法辨別兩者的差異，因此閱讀時只能看字面之意（請參照第四章）。也就是陷入了「不思考」的狀態。

簡單來說，「抽象」指的是**「概略地說、類似這樣的感覺」**等說法。「具體」則給人**「清楚舉例、淺顯易懂」**的印象。

何謂「提高抽象度」？

為了讓聽眾一聽就懂，有時候我會說故事來解釋「提高抽象度」的意思，接下來我就以演講時常用的故事為各位說明。

山田養了一隻吉娃娃，石川也養了一隻吉娃娃。

山田的吉娃娃和石川的吉娃娃都是具體事物，不過，在具體的世界裡，容易出現比較與爭執。

山田對石川說：「你的吉娃娃耳朵太大了，我養的吉娃娃比你的吉娃娃可愛多了。」

值得注意的是，山田的吉娃娃與石川的吉娃娃都是「吉娃娃」這個犬種。換句話說，他們的狗是同一種。

接著，內田帶著他的貴賓犬出現了，此時又開始比較與爭執。

內田對山田和石川說：「你們真有勇氣，敢養吉娃娃這種這麼吵的狗。我養的貴賓犬完全不叫，像布偶一樣可愛！」

不過，若往更高的分類層級來看，吉娃娃和貴賓犬都是小型犬，屬於同一類。

不一會兒，木村帶著他的黃金獵犬出現，又開始新一輪的比較與爭執。

飼養貴賓犬的內田對木村說：「你怎麼會養這種大狗？飼料費很驚人耶，我無法想像！」說真的，再往上一層分類來看，貴賓犬與黃金獵犬都屬於「犬」這個分類，兩種狗都是一樣的。

由小往大的分類來看，例如「吉娃娃↓小型犬↓犬↓哺乳類↓脊椎動物↓動物↓生物」等，這種逐漸擴大的概念就是**「提高抽象度」**。**看事情的觀點不同，做出的判斷就不一樣。**

接著以算數來舉例吧！假設某個數學練習簿一頁有十題數學題。

抽象度較低的孩子會將十題當成個別題目來看，例如：「這一題是分數，那一題是小數，這個題目有分數和小數」等。

不過，若是抽象度較高的孩子，就會覺得這十題都是「同一類題型」，而且也能理解其中的不同。他明白「這一題是分數」、「那一題是小數」這類形式上的不同，但「看得出」要做的事情（解題）是一樣的。

若以國語文為例則是：

假設有一段說明文，作者在一段文章中想說的主題只有一個。抽象度較低的孩子會因為用語不同、結構不同，誤以為文章寫的都是不一樣的內容。正因如此，他們才會只看字面，按照題目尋找答案（尋寶）。另一方面，即使文章形式看起來不同，抽象度較高的孩子依舊能「看出」文章闡述的主題是「相同的」。

一般人從旁觀察是看不出孩子們如何看待與感受文章的，因為旁人只能看到孩子們解題或閱讀文章的樣子。

但實際狀況完全不是旁人所想像的，抽象度高的孩子會從宏觀角度看事情，很快就能抓住重點；抽象度低的孩子做不到這一點，其實很辛苦。

畢竟他們看到的所有問題和文章內容都不同，無論多用功，也只看得到「無限的問題」罷了。如此一來，當然無法湧現唸書的企圖心。

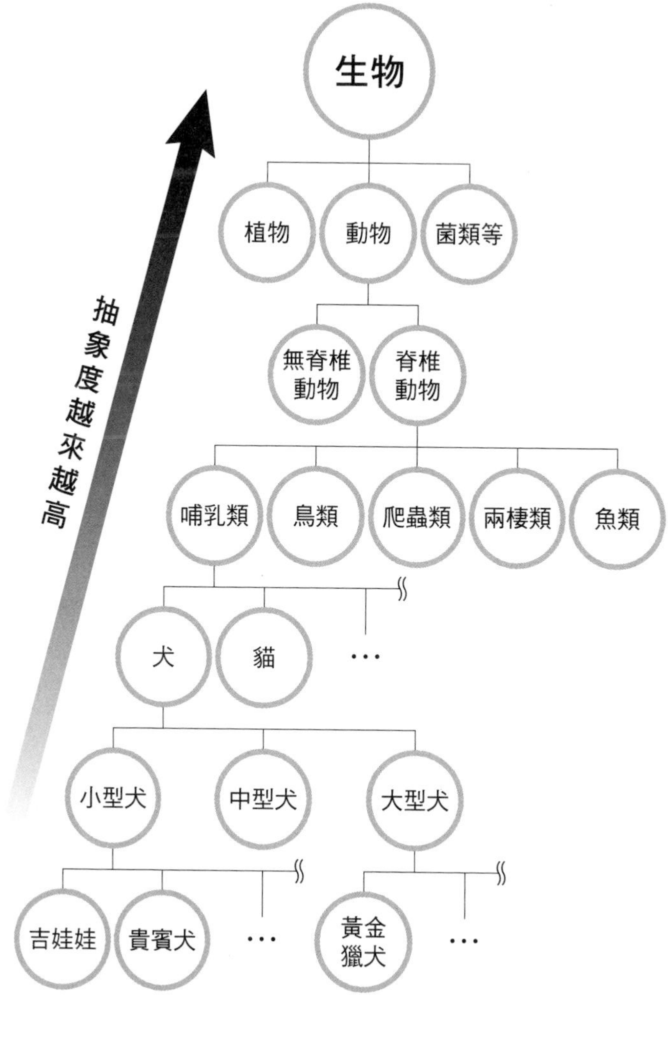
抽象度越來越高
生物
植物
動物
菌類等
無脊椎動物
脊椎動物
哺乳類
鳥類
爬蟲類
兩棲類
魚類
犬
貓
…
小型犬
中型犬
大型犬
吉娃娃
貴賓犬
…
黃金獵犬
…

頂尖大學學生的「抽象度」都很高？

我在東京大學攻讀碩士與博士課程時，曾與許多就學中的東大生聊天交流。和他們說話讓我感受良多，其中一個感想就是他們的**「抽象度都很高」**。誠如我在第一章所說的，東大生很會「舉一反三」，他們聽到具體的事情，會以抽象化的方式理解，再融會貫通成一般事物與觀點。

不只是在全國統一考試（入學中心考試）的所有科目考取高分，參加各大學個別考試（第二次考試）時，面臨考題難度更高的各科目與領域，同樣都能名列前茅。這些表現驚人的考生就是日後的東大生。

我相信他們花費了相當的時間準備大考，但想要解開這麼多科目的高難度問題，若只是一味地解開無窮盡的問題，那絕對辦不到。他們採取的方法是**將幾個具體問題抽象化，很自然地建立「規則化」與「樣板化」**。這是東大生考高分的基礎。

以社會人士為例，能力強的上班族無論被公司調動到哪個部門，都能開創出色成就，原因也和東大生一樣。

總的來說，在原部門表現傑出的員工，習慣將「具體工作」抽象化，再完成「一般化」與「規則化」。當這樣的員工進入新部門，他只要將原本的習慣套用在新工作即可。

另一方面，抽象度較低的人無法做到「一般化」與「規則化」，他們將所有工作當成具體事物，只知道從頭做起，不知道還有其他更輕鬆的方法。

就像有些學生認為必須學會所有類型的數學題，才能在數學科目中考取高分，這類型的人都屬於苦幹實幹型。

接著要關注的重點是，「怎麼做才能提高抽象度」？

誠如我在第三章所說，大腦「操作系統」亦即「天資」是從出生就決定好的，而且每個人的版本規格不同。

各位認為天生大腦「操作系統」版本較新的孩子會有什麼樣的表現呢？

事實上，從一個人小時候的表現就能看出端倪。天生大腦「操作系統」版本較新的孩子，三歲就能**提出「抽象的問題」**。

舉例來說，這樣的孩子會問媽媽：「人為什麼要出生在這個世界上？」這是一個具有哲學性的抽象化問題。

一般的三歲小孩會問更具體的問題，例如：「媽媽，麵包超人裡出現的某某角色叫什麼名字？」

根據過去多個調查發現，在國中與高中師升學補習班裡名列前茅的學生，他們共通點就是抽象度高。當然也會有例外，但這是大致的趨勢。

容我再次強調，會提出抽象化問題的孩子，都是站在金字塔頂端俯瞰一切，因此可以清楚看見底下的「世界」。

有鑑於此，**他們在唸書的時候，只要解過幾次題就能抓住重點，從中掌握不同之處。**

我的鋪陳似乎有些過長，是時候回歸主題了。

接下來要闡述的主題是「我們現在已經瞭解抽象度的重要性，也知道任何人都能提高抽象度，那麼，我們該怎麼做呢」？

答案很簡單，只要「問對問題」就能扭轉人生。問自己以下這句魔法關鍵句，就能提升抽象度。

這句話就是**「總而言之，重點是什麼？」**。（類似用語：**「簡單來說，是什麼呢？」**、**「共通點是？」**）

升級「操作系統」版本的魔法關鍵句4

「總而言之，重點是什麼？」（抽象化思考力）

當被問「總而言之，是怎麼一回事？」時，人就會開始找出核心重點，去除多餘枝葉，只留下樹幹。也就是**自動執行「統整要點」**的任務。

以剛剛說明的「狗」故事為例子，相信各位更容易理解。

如果有人問你「總而言之，吉娃娃究竟是什麼？」，你一定會回答「是狗」。

如果再問「總而言之，狗又是什麼？」，你就會回答「是哺乳類」。

像這樣一步步地問**「總而言之，重點是什麼？」時，就能提高抽象度**。

成績好的孩子會「自發性」地問自己「總而言之，重點是什麼？」，隨時隨地統整重點。閱讀文章時，他會問自己「總而言之，這篇文章的重點是什麼？」；算數學題時，他也會問自己「總而言之，這個題目要的重點是什麼？」。

不問自己「總而言之，重點是什麼？」、不將問題一般化，只在意字面的人，最容易專注在淺顯的細節處而誤解本質。

5 打造「具體化思考力」的魔法關鍵句

技巧2「統整要點」還有另一個魔法關鍵句，有助於引導出與抽象完全相反的「具體思考」。

那就是**「可以舉例說明嗎？」**。

與「總而言之，重點是什麼？」搭配運用，效果更好。

> 升級「操作系統」版本的魔法關鍵句5
>
> **「可以舉例說明嗎？」**
>
> （具體化思考力）

「可以舉例說明嗎？」是很常用的一句話，與統整要點的「總而言之」在作用上完全相反。

當被問「可以舉例說明嗎？」的時候，人會以具體事物為例來說明。

容我先說重點，我們平時常說的「可以舉例說明嗎？」這句話，其實具有相當深刻的意義，有助於開發潛能。

「可以舉例說明嗎？」這個提問會讓人開始尋找具體範例，你知道這個時候大腦會做什麼事嗎？

以環境問題來舉例，「地球現在深受環境問題所苦」——這句話的表現很抽象。假設接著有人問：「例如哪些環境問題呢？」於是回答：「有些國家到現在都沒有落實垃圾分類。」

接著又問：「還有其他的問題嗎？」於是又回答：「前一陣子專家在鯨魚肚子裡發現許多塑膠垃圾。」

從回答來看似乎只是單純舉例而已，但事實上，舉例的過程可以讓人培養出兩種能力。

- **可以從「環境」這個層級往下找出相同分類和領域。**
- **認知到「垃圾分類」、「鯨魚肚子裡的塑膠垃圾」屬於同一類型和層級的議題。**

各位可能覺得我說的這些都是理所當然的事情，但千萬不可小看這個過程。

總的來說，當我們列舉出類似的範例，就是在**進行「抽象↓據理思考」（演繹法）的過程**。在我們一個接著一個舉例的過程中，還能**培養我們的創造力，幫助我們發想出新創意**。

以剛剛舉的例子來說，若問題進一步深化至「環境問題包括垃圾分類、鯨魚肚子裡的塑膠垃圾，不過，若換個角度思考，學校裡是否也有環境問題？」就能讓人開始找出學校內具體存在的環境問題。

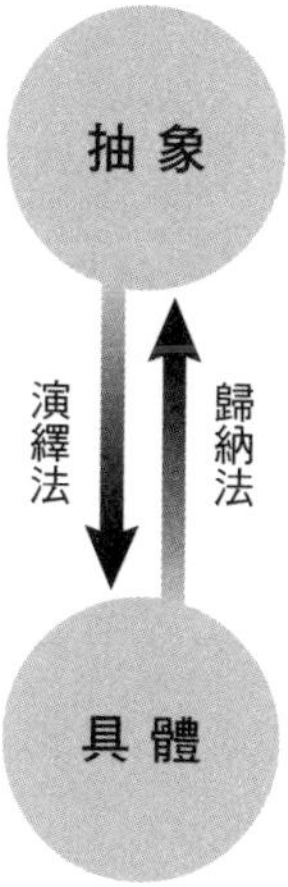
抽 象
演繹法
歸納法
具 體

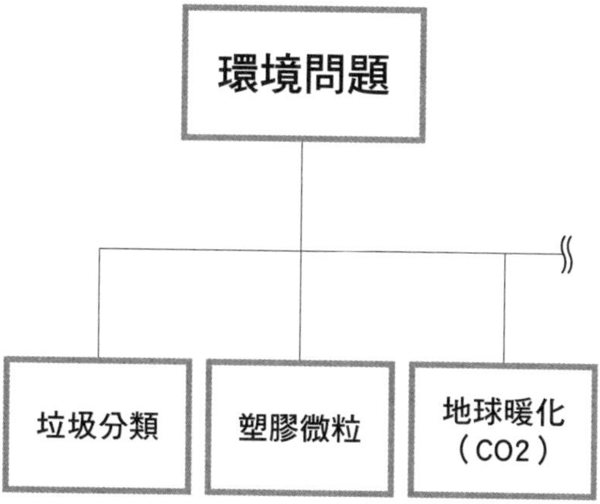
環境問題
垃圾分類
塑膠微粒
地球暖化
（CO2）

像這樣切換至過去未曾意識到的觀點，就能找出新發現。

事實上，**新觀點讓人產生問題意識與好奇心，也能讓人萌生「想要學習」的積極態度。**

「應用力」究竟是什麼？

孩子唸書的時候，父母師長經常會用「沒有應用力」來評斷孩子們的學習狀況。其實即使長大出社會，這句話還是很常用。沒有應用力的人，長大後還是沒有應用力。「抽象度的高低」可以說明應用力的真正樣貌。

具備應用力的人會依照以下流程思考。

●「具體↓抽象」的流程

具體事物↓拋出「總而言之，重點是什麼？」這句話↓抽象化

以比較艱澀的專有名詞來說，就是「歸納法」。各位在上高中數學課時，應該學過數列的「數學歸納法」，我所說的就是這個歸納法。

簡單來說，就是從幾個事件中「找出共通點並加以規則化」。

當然，這個流程也能反向思考。

●「抽象↓具體」的流程

抽象化↓拋出「可以舉例說明嗎？」這句話↓讓人思考具體事物

這個稱為「演繹法」，「A＝B，B＝C，因此，A＝C。」——這就是演繹法。

關鍵在於先以「總而言之，重點是什麼？」這個提問進入抽象化模式，簡單來說就是**「找出共通點」、「掌握訣竅」**。

不過，若是抽象化層級太低，就無法好好應用了。**抽象度越高，越能由上往下俯瞰一切，應用範圍自然越廣**。

這就是有沒有應用力的根本差異。

就像棒球專家會從棒球這個具體活動，一般化、抽象化身體的使用方法，應用在其他的運動項目上，例如：足球等。

若進一步將棒球的抽象度提升到哲學觀點，就會發現棒球與商業的成功理論是一樣的。

這就是「見微知著」真正的涵義，只要學會一件事，其他事情自然得心應手。

有些孩子拚命做應用題，想要藉此學會應用力，結果卻失敗，最大的原因就在此。

沒有抽象化的能力，就算做再多應用題，也只是學習單一的具體問題罷了，無法靈活運用。

技巧2「統整要點」是升級「操作系統」版本最重要的訣竅。

以「總而言之，重點是什麼？」成功抽象化，以「可以舉例說明嗎？」達成具體化——以較艱澀的專有名詞來說，就是「歸納法和演繹法」。學會這兩點就能升級「操作系統」規格，成為世人眼中的「聰明人」。

使用魔法關鍵句時，絕對不能做這七件事

在本單元最後，我想提醒各位使用魔法關鍵句的注意事項。

在前方章節我介紹了提升「操作系統」版本的「五大魔法關鍵句」。

這些詞句都是經過許多範例證實有效的，希望各位可以輕鬆嘗試。

話說回來，這個世界上沒有百分之百有效的方法，我介紹的魔法關鍵句也並非百發百中，有時候可能會遇到完全沒效的狀況，難免讓各位感到失望。

為了提高成功率，我統整了使用魔法關鍵句時，絕對不能犯的禁忌，請各位務必仔細閱讀。

NG1 使用對方無法理解的辭彙

假設對方只有七歲，雖說七歲小孩也有「操作系統」規格較高的，但一般來說辭彙量較少，他們不懂的辭彙相對較多。

對這樣的小孩說「總而言之，重點是什麼？」，他們可能聽不懂「總而言之」的意思。如此一來，問這句話就沒有意義了。

遇到這種情形，不妨改問：**「你看看這兩個，有沒有相同或類似的地方？」只要孩子能找出共通點，便完成了抽象化。**

因為這個過程和「總而言之，重點是什麼？」啟動的思考模式完全相同，因此，請務必以對方聽得懂的話提問。說到這裡，相信各位都能理解我的用意。

不過，令人訝異的是，有些成年人也無法瞭解多數辭彙的意思。即使外表看起來像是成熟的大人，但有些人的精神年齡只有六歲。這樣的人有一項特性，那就是問他話也沒有反應。

若是如此，就必須改變提問的用語。當你覺得「我明明說得很清楚，對方卻沒反應」、「希望對方認真聽自己說話」，甚至懷疑「對方根本沒在聽自己說話」時，通常都是因為「對方聽不懂你的意思」。

ＮＧ２　在對方思考之前說出答案

尤其對象是孩子的時候，更不能犯這項禁忌。通常問小孩「為什麼？」「總而言之，重點是什麼？」這類問題時，得到的答案很可能是「不知道」。

不過，當一個人被問到這個問題時，就算只有一瞬間，也會專注在問題之中，進入「思考」狀態。因此，就算對方回答「嗯……我不知道」也沒關係，因為對方回答「嗯……」的時候，他正在思考。

重點不在於回答的「答案」，而是「思考」的「過程」。各位要記住，思考的過程有助於促進大腦活化。

如果對方回答「我不知道」，不妨**說出自己的想法**。因為對方是經過思考才回答不知道，所以在這個階段說出答案，完全不會造成任何問題。

許多人根本不給對方時間思考，搶先說出答案，這個作法會奪走讓對方升級大腦「操作系統」版本的機會。

NG3　頻繁提問

通常如果向成年人提問，對方都會回應，但如果向小孩子問問題，很多時候孩子沒有反應。其實這跟「NG2」的情形一樣，孩子被問問題時會開始動腦思考，因此無須過度反應。

如果此時你一而再、再而三問同一個問題，反而會讓孩子感到厭煩。**如果你提問對方卻沒反應，不妨就此打住話題。**

不必擔心，你的提問並沒白費。

NG4　抱持著望子成龍的心態

這一點可能有點困難，因為父母都是抱持著望子成龍的心態使用魔法關鍵句，我卻要各位放下這樣的期待，確實很難做到。

話說回來，為什麼不能抱持著望子成龍的心態？**原因很簡單，當父母越希望孩子**

成龍成鳳，越容易箝制孩子的言語和行為，也會讓孩子察覺父母的意圖。

尤其對象是孩子時，一定要特別注意。要是父母以這個心態使用魔法關鍵句，藉此要求孩子用功唸書，孩子一定會發現，反而造成反效果。

請放下望子成龍的心態，**在日常對話中，自然而然地使用魔法關鍵句即可。**

NG5 重複同一句話

魔法關鍵句是用來提升大腦「操作系統」規格的方法，各位可能會以為用越多越有效。實際上確實如此，但只限於使用在自己身上，若不斷用同一句話轟炸別人，只會讓對方覺得「煩」罷了。

為了避免反效果，絕對不能頻繁問同一句話。使用機率太高，孩子可能會說：「媽媽，你開口閉口都是『為什麼』，好煩喔！」

在這種情形下，**請將魔法關鍵句用在自己身上**。我可以理解你希望孩子或部屬成長的心情，但如果手段過於強勢，反而造成對方「壓力」，無法顯現效果，只會使自己更加煩燥罷了。

有鑑於此，若你的提問已經讓對方感到厭煩，不妨改問自己，積極開發自己的能力。如此一來，你就能學會在自然狀態下向對方提問的技巧了。

NG6 想將所有魔法關鍵句都派上用場

前方章節介紹的五大魔法關鍵句是比較容易使用的疑問句，我希望各位都能派上用場。不過，下一章我還會再介紹另外五個魔法關鍵句。

學完十個魔法關鍵句後，個性一絲不苟的人很可能受到刻板觀念操控，認為「這十句都必須派上用場才行」。

若你產生這個想法，最後一定會失敗。**即使腦中只有一絲「一定要用」的想法，將魔法關鍵句當成義務看待，也很難再堅持下去。**

為了避免失敗，建議一開始就鎖定幾個魔法關鍵句，慢慢學習如何運用。

NG7 期待立刻見效

最後一點最重要。我曾經出過一本書叫做《提高孩子自我肯定感的十個魔法辭彙》（集英社），從過去的實踐範例即可得知，書中介紹的「魔法辭彙」可以很快發揮效果。

不過，本書介紹的「升級大腦「操作系統」版本魔法關鍵句」必須一點時間才能發揮效果。

平均需要一個月，最遲則需三個月。無論有多心急，也無法改變這個事實。

話說回來，從漫長的人生歲月來看，只要一到三個月就能提高大腦「操作系統」規格，效果其實非常快。請各位將眼光放長，不要期待立刻見效。

技巧2

「統整要點」綱要

兩大魔法關鍵句

「總而言之，重點是什麼？」（抽象化思考力）

「可以舉例說明嗎？」（具體化思考力）

第七章

五個魔法關鍵句
進一步強化大腦「操作系統」

在前方章節中，我為各位介紹了升級大腦「操作系統」版本的五大魔法關鍵句。

- **技巧1「抱持疑問」魔法關鍵句——「為什麼？」「你有什麼想法？」「該怎麼做才好？」**
- **技巧2「統整要點」魔法關鍵句——「總而言之，重點是什麼？」「可以舉例說明嗎？」**

在日常生活中使用這五大魔法關鍵句，絕對會改變孩子的觀點。

我在第一三六頁曾經提過，升級大腦「操作系統」版本的魔法關鍵句與提高自我肯定感的辭彙不同，不可能今天用、明天就有效。

不過，從過去的實踐範例即可得知，魔法關鍵句的效果真的很好，因此你一定會感受到不同的變化。**當你感受到變化，就代表大腦「操作系統」版本已經升級了。**

成功升級大腦「操作系統」版本，人生就會變得更快樂，**因為你會看到與過去截然不同的「風景」**。

想要提升大腦規格，基本上使用前方介紹的五大魔法關鍵句已經足夠，但不是每一句都適合運用在學校、職場、日常生活等各種場合。

因此，本單元要介紹另外五個可以進一步強化「操作系統」的魔法關鍵句。

當你問別人這五大魔法關鍵句，可以活化對方的大腦，**但一開始建議各位先用在自己身上。**

在自問自答的過程中，你一定能清楚察覺到自己的心境和大腦變化。

有了親身經歷之後，更容易用在別人身上。

6 打造「積極思考力」的魔法關鍵句

第六個要介紹的是打造**「積極思考力」的魔法關鍵句**。

為什麼「積極思考」可以強化大腦「操作系統」？各位可能覺得不可思議。但反過來想，可能比較容易理解。

各位不妨想一想，消極思考的人，大腦會活化嗎？我無須引用學說或證據，各位從直覺來說，一定也會覺得消極思考的人無論是唸書或工作，表現都不好。

不想唸書、不想工作的人真的會動腦筋，表現出色嗎？這個答案各位應該很清楚才是。

反過來說，**只要培養積極思考的態度，就能提升大腦表現**。這就是一般人所說的「企圖心」。

許多家長和上司不知道該如何引導孩子或下屬湧現企圖心，事實上，沒有任何方法可以保證絕對可以讓人產生企圖心，因為每個人缺乏企圖心的原因不同。

話說回來，**有句話可以將消極思考轉換成積極思考**，那就是以下這句話。

升級「操作系統」版本的魔法關鍵句6

「怎麼做才有趣？」（積極思考力）

該提出的問題是「怎麼做才能讓眼前這個超級無聊的科目或工作變有趣？」，當你如此問自己，你就會立刻去想讓自己享受當下的方法。

這句話擁有神奇的力量，讓人自然而然地「思考」樂在當下的方法。

如果能找到有趣的方法自然是好的，但如果找不到也沒關係。只要讓你的想法改變，**即使只有一秒鐘認真「思考」就夠了。**

「快樂」是二十一世紀最具代表性的辭彙，大家常說「把興趣當成工作」、「享受唸書的過程」，隨處可見讓自己快樂的概念。

然而，不少在二十世紀價值觀之下成長的人們，將「企圖心、毅力和努力」視為美德，不喜歡「快樂」這個辭彙。

開心快樂的狀態總給人一種輕浮的印象，但我認為快樂指的是「抱持興趣，全心投入的狀態」。

不瞞各位，我經常在企業的研究課程提及這件事，接下來為各位介紹反應最熱烈的例子。

做同一份工作，為什麼有的人升遷速度較快？

每次說出「好快樂喔」這句話，就能確實感受到開心快樂的感覺。

可是，若明明不開心卻要說出「好快樂喔」這句話，相信大家都不想這麼做。此時不妨轉念，思考**「怎麼做才有趣？」**。

就算真相只有一個，只要轉念就能感到開心。各位不妨思考以下的情形：

「假設公司裡有一名員工專門負責泡茶，泡茶其實是一件很無聊的工作，因為只要泡茶並端茶出來即可。如果每天去公司只做泡茶這項工作，相信大家一定會覺得很委屈。

不過，這位負責泡茶的同事是一個想法很特別的人，於是他這麼想：

我一定要讓公司的客人喝了我泡的茶之後，稱讚我泡的茶好喝。

他從那天起，努力學習泡茶方法、端茶禮儀和待客之道。對他來說，泡茶變成一項挑戰，開始變得有趣。

周遭同事看到這樣的人都會覺得『他很特別，與眾不同』，每天負責泡茶未免太大材小用，因此受到主管青睞，升遷到更好的職位。我想豐臣秀吉就是這樣的人，才會一路受到提拔與賞識。」

「公司裡有一名員工每天負責影印文件資料，一般來說這種單調無趣的工作根本留不住人，每天只做影印工作，只會讓人萌生辭意。

不過，這名員工與一般員工不同。他開始做紀錄，瞭解每次同事要他影印，他需要多久才能完成工作。從中研究是否有任何方法可以加快影印速度，而且他不只是影印而已，還利用便利貼分門別類，用盡各種方法讓文件資料一目了然。

簡單來說，他透過計時的方式喚醒自己的企圖心，創造附加價值，將單調的作業轉變成極富創造力的工作。

在工作上花心思的員工，公司不會置之不理。因為他明顯與其他員工『不同』。於是他很快受到重用，接下大案子。」

我相信實際上不可能有公司專門聘一個人只做泡茶或影印的工作，不過上述內容都是乍看之下讓人覺得無聊的工作，但只要換個角度去想，就能讓人樂在其中。

上述範例不只適用於工作，也適用於唸書。

成績出色的孩子都是「在腦中享受唸書」的過程，由於外表看不出來，外人感覺他和其他人一樣用功唸書，但事實上他們在腦中將唸書視為「玩樂」。

例如，他們會增添遊戲的要素，或將課本內容化為謎題，取諧音或同義發明冷笑話。

可惜一般孩子的個性過於「耿直」，他們覺得課本很無聊，於是將唸書當成一件無趣的事情看待。**說到這裡，相信各位都能理解同樣是唸書，為什麼差異這麼大的原因了吧？造成這個差異的關鍵詞就是「享受當下」。**

各位如果遇到不可能喜歡的事情，不妨刻意問自己「怎麼做才有趣？」。接下來我以各種情境來舉例。

〈父母對小孩〉

父母透過「語言的力量」改變孩子是很重要的，最有效的方法是**「讓孩子看見父母樂在其中的模樣」**。

假設父母覺得做家事很有趣，孩子也很容易認為這些非做不可的事情很有趣。**雖然孩子不會對父母言聽計從，但會模仿父母做的事，體會父母的感受。**

舉例來說，與其對孩子說「你認為這件事怎麼做才會變有趣？」，不如由父母來說：**「哇！這件事看起來真有趣！」**

假設有一本孩子不感興趣的繪本，父母拿起那本繪本閱讀，興奮地表示：**「哇，**

這本書的內容太有趣了！」自己一個人看得很開心。

孩子看到父母的反應後，也會覺得這本繪本很有趣，於是想要閱讀。各位不妨試試這個方法。

準備國中入學考試也一樣，看到老師沒有一一教導，孩子根本不會的題目時，不妨說：「哦！還有這樣的題目啊！真酷，我看看，這一題是這樣解的啊！」表現出很有趣的樣子。

孩子看到你的反應就會產生變化，建議試試。

〈上司對下屬〉

●「我要你做這份文件，有沒有什麼方法可以讓這項工作變有趣？」

如果對方不知該如何回答，不妨給一點小提示幫助他，例如：「你想一下怎麼做才能讓這份文件淺顯易懂」「做成彩色文件也不錯」「與其重視文字格式，不如將焦點放在設計上，你覺得如何？」等，都是很好的例子。

這麼做絕對能讓下屬瞭解樂在工作的方法。

●「你認為有什麼想法可以讓人享受跑業務的樂趣？」

這個範例也是一樣的，給一些小提示協助下屬即可。舉例來說，建議下屬「想一想什麼樣的人容易成交，有沒有什麼成交心法」「如何對待客戶的公司業績較好？分析相關趨勢，寫成部落格文章」，讓下屬找出讓跑業務變有趣的方法。

〈老師對班上學生〉

老師對班上學生的情境，基本上與親子之間的狀況相同。很多人「誤以為」老師感興趣的事情，學生們也會躍躍欲試。

有時候我們會看到老師在講台上平靜淡然地授課，學生在底下認真聽課的情景，但學生根本沒在思考。

如果老師可以認真思考「怎麼做才會讓學生覺得上課很有趣」，就會發生有趣的事情。容我以自己的親身經歷來說明。

我以前曾在補習班教小學生，當時的理科課本中有一段內容是說「水加熱到攝氏一百度就會沸騰，液體就會變成氣體」。

如果按照一般方式教課，最多只會讓學生在「一百度」這個部分畫重點，但這樣的教法超級無趣。

於是我決定以下列方式來教：

補習班有廚房，我帶著班上學生到廚房去，在玻璃咖啡壺裡倒水，對他們說：

「同學們聽好了，接下來我要讓你們親眼見證神奇的事情！你們將看到玻璃壺裡的水消失不見，液體變成氣體的瞬間！」

我話一說完，學生們的眼睛都亮了。

接著我加熱玻璃壺，隨著水溫升高，玻璃壺底部開始出現氣泡，我說：

「你們快看這個！液體中出現了像是空氣的物體！」

氣泡越來越大，往水面浮起，最後還「啵」地一聲消失了。我看準這個瞬間說：

「你們看，液體變成氣體了！」學生們紛紛發出驚呼聲，大家看得津津有味。

這個舉動其實沒什麼了不起，我只是讓教學過程變有趣罷了。各位知道結果如何嗎？

學生們開始你一言，我一語地提出問題，例如「水以外的液體也會這樣嗎？」、「為什麼是攝氏一百度？」等等。

總的來說，**學生都很開心地上課，對課程內容也頗感興趣並主動「思考」**。

〈自己對自己〉

「怎麼做才有趣？」是我親身經歷過，用在自己身上最有效的魔法關鍵句。因此，一開始建議各位用在自己身上。

你可以這麼問自己：

「怎麼做才能讓每天要做的家事更有趣？」

「怎麼做才能讓早上起床時興致高昂？」

「怎麼做才能讓每天上班都感到開心？」

「怎麼做才讓制式化的生活更有趣？」

持續自問自答絕對「有所體會」，親身「實驗」最有效。

快樂與趣味不是別人帶給你的，而是自己創造的。

以上就是我舉的各種例子。

「**怎麼做才有趣？**」——善用這個魔法關鍵句，讓心態轉正，打造「積極思考」的同時，還能讓你「思考方法」，提升大腦規格。

7 打造「目的意識力」的魔法關鍵句

第七個魔法關鍵句有助於提高「目的意識」，引導出「思考」力。

升級「操作系統」版本的魔法關鍵句7

「這麼做是為了什麼？」（目的意識力）

世界上有許多人毫無目的地行動，其實若要每天為了某個目的生活，也是很累人的，因此漫無目的也不算壞事。

不過，一旦養成習性，當你必須設立目標時，很可能讓你無法思考。如此一來，你就必須遵循別人的目的，過著附屬的生活。

沒有目的意識最可怕的危機在於「停止思考」，亦即無法提升「操作系統」規格。相反地，**若能時刻提醒自己做這件事是「為了什麼？」，就能讓自己開始思考，提升「操作系統」規格。**

當一個人抱持目的意識，會有什麼改變？讓我們來看看具體的例子。

人天生就有目的意識，只要清楚自己的目的，就能運用大腦，想出方法抵達「目的地」。

假設我們要去旅行，有人問你「你為什麼要去旅行？」，你的答案可能是「去看世界遺產」「我沒玩過拖曳傘，想去體驗看看」「想來一趟感動體驗之旅」「想與當地人交流，瞭解文化差異」等，每個人的目的都不一樣。

話說回來，有些人事先規劃旅程時就是依照目的來做，有些人則是參加旅行社的團體旅行，將一切瑣事交給他人處理。

參加旅行團或許也有目的，只不過團員必須遵守別人決定好的事情，從頭到尾按表操課。

這樣的旅程不算是真正的「目的」，團員們無須動腦，在旅程中的收穫也不多。相信各位應該也有過這樣的經驗。

當人擁有「目的意識」就會變成主角。為了達成目的，你會運用大腦，提高觀察力，獲得的資訊量也會多得驚人。

抱持目的是很重要的一件事，當日常生活中的行動成為慣例或制式化，就會失去依目的行動的概念，變成行屍走肉。

想要突破這個困局，就要問自己做這件事是「**為了什麼？**」。

請看以下的提問範例：

〈父母對小孩〉

「你唸書是為了什麼目的？」

「你知道自己為什麼要整理家裡嗎？」

「你知道這個鑽頭是做什麼用的嗎？」

「你知道為什麼要吃自己最討厭的紅蘿蔔嗎？」

父母對小孩提問時要注意以下兩點：

1　孩子還小的時候沒有「目的」這個概念，因此你問他「為了什麼目的做這件事」，他也不明白意思。

這個問題必須等到孩子夠大，明白你的意思後再問。

2　有時候就連父母本身也不明白做這件事的目的。假設孩子問你「唸書的目的是什麼」，你會怎麼回答？

「為什麼要學對算數的計算題？」「為什麼要學習理科科目？」——若孩子不斷問你這些問題，光是想答案就夠累人的了。遇到這種情形時不妨如此回答：

「媽媽以前也用功唸書，但完全不清楚到底為什麼唸書。但世界上的人無論是過去或現在都在唸書，這應該代表唸書是有意義的事情吧？因為如果『唸書』沒有意義，早就不可能存在了。若你要問我為什麼要唸書，我相信一定會有答案的。」

父母可以告訴孩子「雖然自己也不知道唸書的目的是什麼，但一定會有答案」，讓孩子自己去思考。

當然，我的回答或許不是最適當的，但至少可以讓孩子學到「目的」這個概念。這樣就夠了。

〈上司對下屬〉

「你知道為什麼要接這份工作嗎？」

「你知道這家公司為什麼要成立嗎？」

「我將這個案子交給你，你知道為什麼嗎？」

各位在工作時或許很少聽人問起這些問題，原因可能是大多數工作都已經制式化。一旦工作變得制式化，目的意識就會淡化，有時候甚至從一開始就不知道目標在哪裡。

各位不妨問下屬：**「你為什麼要做這份工作？」**相信大多數人都無法回答這個問

題。說不定就連提問的上司自己也不清楚，遇到這種時候，不妨當成讓自己思考的大好機會。

當有人問你「為什麼要做這份工作？」，可能當下大腦會一片空白，但不久就會開始思考。如果你的下屬提出的答案不高明也沒關係，這是他思考之後的結果，請務必尊重他。

如果他的回答很表面，可以繼續追問，例如「你為什麼做這件事？」，讓他有機會「深入思考」。

不要在乎回答的內容是否正確，讓下屬「思考」才是最重要的。

〈老師對班上學生〉

通常老師有很多機會問學生問題。比起父母的提問，孩子更願意回答老師的問題。

老師們不妨問學生這些問題：

「你認為為什麼要舉辦校慶活動？」

「你知道為什麼要舉行晨間讀書會嗎？」

「你知道畢業旅行的目的是什麼嗎？」

「為什麼要做這個實驗？」

「你知道學校為什麼要對學生打分數嗎？」

基本上學生都無法明確回答上述問題，不過，提問可以讓學生思考「目的何在」，產生目的意識。

老師不妨向學生進一步回答上述問題的答案，盡到教育職責。學校活動都是有目的的，老師應該都知道這一點。

遺憾的是，學校在推動這些活動時並未說明目的，學生們在不明白目的的情況下參與學校活動，只會反射性地產生抗拒心理。

有鑑於此，各位不妨以學生聽得懂的語言，簡單明瞭地告訴學生「做這件事的目的是什麼」。不要一開始就說出答案，**掌握「先問再答」的順序，幫助孩子升級大腦「操作系統」版本。**

〈自己對自己〉

喚醒「目的意識」的魔法關鍵句**用在自己身上最有效。**

「我為什麼要上班？」

「為了錢」「因為迫不得已」「不知道為什麼」「因為不能辭職」「因為大家都有工作」「因為想實現自己想做的事」等，持續不斷地思考這個問題的答案。

「我為什麼要養育小孩？」

「因為我是家長」「因為不得不養」「想給孩子幸福」「想讓他進入好學校就讀」「避免自己成為箭靶」「因為我開心」。

「我為什麼每天做菜？」

「為了吃飽」「因為不得不做」「為了攝取營養」「為了保持健康」「為了讓家人開

心」。

「我為什麼要在學校教導學生？」

「因為我喜歡教學」「為了教育孩子們」「因為這是我的工作」「因為不教不行」「我覺得我很適合」。

像這樣問問自己，你一定會找到各種目的，有深入的、有淺顯的。容我再次強調，目的的好壞不重要，**重點是抱持目的意識，明白自己「做這件事的目的是什麼」**，就能從這一刻運用大腦。

日積月累之下，就能升級你的大腦「操作系統」版本。

不僅如此，「這麼做是為了什麼？」魔法關鍵句還有額外的收穫。

當一個人明白自己的目的，「就容易接受現況並付諸行動」。

只要讓沒有幹勁的人思考目的，他就會打開開關開始行動，這樣的例子不勝枚舉。

8 打造「原點回歸力」的魔法關鍵句

第八個是**「讓人回歸原點的魔法關鍵句」**。有時候和朋友聊天，聊著聊著就會岔開話題，最後搞不清楚自己到底在說什麼。這就是所謂的「偏離主題」。

雖然天馬行空的聊天也很有趣，但難得有機會和別人聊天，不妨當成升級自己大腦「操作系統」的機會，好好利用魔法關鍵句。

升級「操作系統」版本的魔法關鍵句8

「話說回來，這次的主題是什麼？」（原點回歸力）

這句話可以**讓聊天內容回歸原點**。

各位知道回歸原點可達成什麼效果嗎？

以樹木來解釋更容易理解。

樹木有樹幹、樹枝和樹葉，對話與文章也有同樣的結構。簡單來說，話題的出發點是「樹幹」，說明是「樹枝」，具體範例是「樹葉」。

若能有系統地聊天，就不會造成任何問題。但通常聊天時很容易舉太多個別例子，到最後分不清主題，或者偏離主題太遠。

以下一頁的圖示為例，「話題中的個別例子＝樹葉的最前端（樹梢）」，「偏離主題的內容＝地上的落葉」。

岔開話題的時候以「話說回來」這個辭彙，提醒自己「現在聊到的這片葉子是在哪根樹枝上」，接著就能沿著樹枝回到「樹幹」。

與此同時還能掌握剛剛說的整體內容。當一個人綜觀整體，就能提升理解力。就像學習歷史時，若能先看《日本的歷史》漫畫掌握整體樣貌，就能輕鬆學會歷史，這

例
例
例
例
例
主題

是同樣的原理。

當我們忘記說到哪裡的時候，不妨善用魔法關鍵句「話說回來，這次的主題是什麼？」，大腦就會像圖示一樣，自動回歸原點，掌握整體樣貌。

當你在職場上教導下屬，想要從混亂場面穩定下來時，「回歸原點」的魔法關鍵句是最有效的一句話。不只能釐清自己想說的話，也有助於升級下屬的大腦「操作系統」。

〈父母對小孩〉

（孩子吵架的時候）**「話說回來，你們為什麼吵架？」**

（抱怨學校中發生的問題時）**「話說回來，最初是怎麼開始的？」**

（面對討厭數學的孩子）**「話說回來，你當初為什麼討厭數學？」**

第三個問題可以瞭解孩子討厭數學的原因，有助於幫助孩子提升數學成績。只要瞭解討厭的原因，就會明白這些原因沒什麼大不了。

而且還會發現自己其實一點也不討厭算數。

我自己就是利用**「話說回來」**魔法關鍵句克服自己不拿手的科目，效果很好。

〈上司對下屬〉

「話說回來，這個案子的來龍去脈是什麼？」

（面對抱怨工作辛苦的下屬）**「話說回來，當初你進公司時最想做的是什麼？」**

（當話題偏離主題時）**「話說回來，你來找我談是想說什麼事？」**

〈老師對班上學生〉

「話說回來，為什麼會發生本能寺之變？」

「話說回來，你認為主角為什麼採取那樣的行動？」

（算數學題）「話說回來，這個問題的重點是要回答什麼？」

遇到數學的應用題或複雜的問題時，第三個提問方式最有效。

〈自己對自己〉

「話說回來，什麼原因讓我這麼焦躁？」

「我覺得養育小孩很辛苦，當初為什麼想要孩子呢？」

「話說回來，當初我為什麼會選擇現在這份工作？」

各位覺得如何？只要善用「話說回來」、「當初」這類用語就能回到原點。

回歸原點一定要活用大腦，其實這句話還有另一個好處。

那就是**建構「自我中心思想」**。有了中心思想就不會被多餘資訊耍得團團轉，也能貫徹自己想做的事。

一句話真的可以改變人生，請各位務必嘗試看看。

9 打造「假設構築力」的魔法關鍵句

第九個是幫助大家培養**「假設構築力」**的魔法關鍵句。構築假設指的是思考「如果……會發生什麼事（結果會如何）？」。

這就是大家常說的**「What if法則」**，而且全世界都知道。

以企業為例，除了可以運用在「風險管理」的想法之外，想要引導出新創意，促進新事業發展時也很有用。

升級「操作系統」版本的魔法關鍵句9

「如果……會發生什麼事（結果會如何）？」（假設構築力）

〈父母對小孩〉

在和孩子說話的時候，**以寓教於樂的感覺使用這句話，能使親子溝通更加有趣。**第九個魔法關鍵句，尤其對激發孩子們的創造力或好奇心最為有效，各位請務必嘗試看看。

若以下列的方式問孩子，通常孩子都會樂意回答。

「如果一整年都沒有電，你要如何生活？」

「如果你是父母，遇到這種情形你會怎麼做？」

「如果浦島太郎打不開寶盒，你覺得故事的結局會變成怎樣？」

「如果桃太郎沒有狗狗，他要如何戰勝惡鬼？」

「如果桃太郎故事裡的惡鬼抱著一個小鬼寶寶，你認為桃太郎會怎麼做？」

〈上司對下屬〉

「如果發生大規模災害，我們公司該如何因應？」

「如果沒有拿下這個案子，你有什麼對策？」

「如果電動車明年無法實用化，我們公司該如何因應？」

基本上公司社長時時刻刻都會像這樣自問自答——「如果經濟不景氣該怎麼辦？」「如果人手不足該怎麼辦？」——他們心中永遠都在想這些問題，做好規避風險的對策。

當然，之後是否有具體行動，則決定了公司未來的命運。

〈老師對班上學生〉

「如果這個世界上沒有數學，會是什麼情形？」

「如果你們會說英文，最想做什麼事？」

「如果二十年後，你們的小孩也上這所小學，你們希望學校變成什麼樣子？」

雖說歷史沒有「如果」，但對過去發生的歷史以「如果」來描述，一定可以訓練孩子們的創造力，增添想像的樂趣。

「如果沒有本能寺之變，日本不知道會變成什麼樣子？」

「如果平家沒有創造鎌倉時代，之後的日本歷史不知道會變怎樣？」

「如果坂本龍馬沒有被暗殺，不知道他後來會做什麼事？」

〈自己對自己〉

「如果沒有車，我會過什麼樣的生活？」

「如果年收入比現在多一倍，我會不會改變工作型態呢？」

（現在育有兩名子女）「如果我有四個小孩，生活不知道會變成什麼樣子？」

「如果現在是我最開心的時光，我會如何度過每一天？」

「如果我只能活一年，我會如何度過每一天？」

問自己「如果……會發生什麼事？」的意義遠遠超過提高大腦「操作系統」規格。

以「如果年收入多一倍，結果會如何？」這個問題為例，如果你的年收入真的多一倍，一定會改變目前的工作型態。而且，有一個法則是實際改變工作型態，就能增加年收入。

原因很簡單，實際改變工作型態可以改變潛意識，進而提高工作表現，結果自然就能增加年收入。

此外，當你有兩個小孩，開始想像自己有四個小孩，結果將會如何？你一定會認為現在養兩個小孩很輕鬆。**以「如果……會發生什麼事？」的方式表現比現在更嚴峻的狀況，進而互相比較，就會覺得目前的狀況輕鬆自在，這就是這句話發揮的效果。**

不僅如此，「如果我只能活一年，我會如何度過每一天？」這句話，與已故的蘋果創辦人賈伯斯（Steve Jobs）所說的「如果今天是我這輩子的最後一天，我今天要做些什麼？」有異曲同工之妙，當你問自己這個假設性問題，你一定會改變自己的生活之道。

綜觀上述內容，**這個魔法關鍵句不只能提高大腦「操作系統」規格，還能讓你的人生進入下一階段。**

10 打造「問題意識力」的魔法關鍵句

「問題意識力」是公司行號常用的名詞，大學寫論文時可能會用到幾次，但可以確定的是，從國小、國中到高中階段的學生絕對沒聽過這個辭彙。

這是因為日本教育的基礎方針是「希望學生照著師長說的話做，無須抱持懷疑的態度」，因此不希望學生抱持問題意識。

我認為這樣的教育方針很危險，學生在這樣的教育環境下，不可能養成「自主思考」的習慣。

在未來的時代裡，不能再將理所當然的事情視為理所當然，**任何人都要對過去習以為常的事物抱持懷疑，這是很重要的生存技能。**

現在要介紹的是最後一個魔法關鍵句。

升級
「操作系統」版本的
魔法關鍵句10

「真是如此嗎？」（問題意識力）

這句話帶有**「懷疑常識」**的意思。「懷疑」一詞通常不會用在正面事物上，不過，一般也會用來勸誡他人，例如：「不要疑神疑鬼」。

在過去的時代裡，全盤接受別人說的話並不是一件壞事，但若是經常這麼做，就會讓自己陷入停止思考的狀態。

當一個人抱持著「懷疑」的問題意識，就會習慣性地思考。自主思考通常會有新發現或創造出新方法，**發明與發現的原點就是「問題意識」**。

此外，當你覺得某件事**「不太對勁」**，可以降低被騙的可能性，也能避免自己陷入圈套之中。

另一方面，若疑心病過重，反而會引起問題。一定要記住，凡事都有限度。沒有人想接近疑心病重的人，因為大多數的人都覺得這樣的人很麻煩，紛紛遠離他。

有鑑於此，這個魔法關鍵句雖然很重要，但使用時必須多加小心。

順帶一提，最好不要讓十歲以前的小孩使用從「懷疑」角度出發的魔法關鍵句。必須讓孩子對世事有一定程度的瞭解，再培養他的問題意識力，效果會比較好。

接下來為各位介紹具體的使用方法，與之前介紹的魔法關鍵句不同，**這個魔法關鍵句最好用在自己身上**，效果會比「上司對下屬」、「父母對小孩」還要好。

就像我之前說過的，這個魔法關鍵句如果稍不注意，很可能造成人際關係上的摩擦與爭執。若不謹慎自己的用字遣詞，會讓對方覺得自己遭受責備或否定，難免產生問題。

為了避免紛爭，建議一開始不要用在別人身上，先對自己說說看。如此一來，你一定會發現自己的視野完全打開，與過去截然不同。**有充分的親身經歷之後，再使用在別人身上。**

〈身為父母〉

「這個家事只能我做嗎？」

（↓應該可以與家人分工合作吧？）

「我要求孩子唸書真的是為孩子好嗎？」

（↓其實只是要讓自己安心罷了）

「周遭的媽媽朋友都認為參加國中入學考試是常識，這真的是常識嗎？」

（↓還是受到同儕壓力不得不這麼做？）

「我一直要孩子唸書，孩子卻無動於衷，我的作法真的對嗎？」

（↓如果說好幾次都沒效，不就代表這個方法是錯誤的？）

「父母不努力，孩子就沒出息，這個想法太奇怪了吧？」

（↓不要強迫，維持現狀不是也很好嗎？）

〈身為商界人士〉

「公司業績不好，真的是因為人手不足嗎？う」

（↓難道不是因為工作效率不彰？）

「真的只有我工作很辛苦嗎？」

（↓可能是心理因素，總覺得別人過得比自己好）

「憑藉企圖心、毅力和努力真的會成功嗎？」

（↓或許只是受到努力一定會有回報的刻板觀念所影響）

「上司說的話都是對的嗎？」

（請注意：此處的用意是避免自己變成好好先生，而非用於對抗上司）

「真的有必要早上九點進公司嗎？」

（↓這麼做的原因可能只是因為過去流傳下來的習慣）

「真的有必要繼續經營這項事業嗎？」

（↓只是因為基於惰性繼續經營罷了？）

「奧客真的是客人的問題嗎？」

（↓負責接待的員工沒有問題嗎？）

〈身為學校老師〉

「讓所有學生抄寫黑板上的內容，這樣的作法不覺得奇怪嗎？」

（↓所有學生做同樣的事情毫無意義↓有沒有別的方法？）

「叮囑學生『要記住上課內容』卻沒教他們如何記住，這樣的作法不覺得奇怪嗎？」

（↓不教方法就要學生去做，是否過於嚴厲↓應該要教學生方法）

各位覺得如何？「懷疑習以為常的事物」真的很重要，許多人日常生活中遇到的思考陷阱就藏在這些慣例裡頭。

「天天做的事」、「過去流傳下來的事」、「大家都這麼做的事」不一定是正確的，如果這些事都對的，所有人都應該事業有成，過著幸福快樂的生活。尤其是現代社會IT科技日新月異，若是堅持落伍的作法，對於自己不合時宜的作為毫無自覺，就會像浦島太郎一樣，發現自己時代錯置時，感受到極大衝擊。

最後容我再次強調，並非面對什麼事都要抱持懷疑的態度。

偶爾問自己「這個現象（這件是）是不是有點怪」，重新整理自己的思緒。

讓自己開始「思考」，提升大腦的「操作系統」規格。

進一步強化「操作系統」的
「提問法」綱要

五大魔法關鍵句

「怎麼做才有趣？」（積極思考力）

「這麼做是為了什麼？」（目的意識力）

「話說回來，這次的主題是什麼？」（原點回歸力）

「如果……會發生什麼事（結果會如何）？」（假設構築力）

「真是如此嗎？」（問題意識力）

終於進入本書的尾聲，我想在此統整本書內容，並與各位分享最後想說的話。

本書內容統整

我想各位都已經瞭解「同樣是唸書為什麼結果不同」的原因，最後的「內容統整」則依照章節重點回顧。

1 「同樣是唸書卻造成不同結果」的原因來自於「平時是否活用大腦」

2 「大腦『操作系統』的規格差異」導致每個人的天資差異

3 「大腦『操作系統』的規格差異」就是「思考力的差異」

4　可以借助他人力量提升自己的「思考力」

5　「十大魔法關鍵句」是借助他人力量最有效的方法

總的來說，

「善用十大魔法關鍵句，對自己提問，有助於提升『主動思考力』。

融入日常生活之中，養成好習慣。」

以上就是本書內容。

成功升級大腦「操作系統」，你會看到什麼世界？

本書大量使用「大腦『操作系統』」一詞，「大腦『操作系統』」指的是「思考力」，成功升級大腦「操作系統」，能讓你看見截然不同的世界。

那是個什麼樣的世界呢？

1 不再有爭執與霸凌

我在第六章提到了「抽象度」，當你能從抽象的角度看待事物，就能看見截然不同的世界。

具體的世界只能看到「彼此的不同」，因此容易互相比較，產生爭執。本書以小狗為例，闡述了比較與爭執。在孩子的世界裡，這些比較與爭執就變成「霸凌」。

有些人只能看到別人與自己的不同，所以他們會做出「霸凌」的行為。如果能看見別人與自己相同的地方，就不會產生霸凌。通常孩子的抽象度較低，只會一眼注意到別人與自己不同的地方，例如「那個人耳朵很大」、「說話方式很奇怪」，強調彼此之間的「差異」。

只看到具體差異的人會將差異說出來，或用行為表現出來，這就是霸凌的根源。

不過，**若能提高抽象度，學會由上往下俯瞰一切，就會發現底下的族群都屬於同一類、同一種。**

抽象度較高的人也會看到彼此差異，但他懂得欣賞這些差異，不會做出指責或歧視別人這類低等行為。

由於這個緣故，當世界上有越來越多人懂得從抽象角度看待事物，就能讓爭執與霸凌等行為逐漸消失。

另一方面，有些人「雖然頭腦聰明，但總是愛比較、愛爭執，輕蔑、苛責以及批評他人」。簡單來說，這些人就是聰明但惹人厭。

事實上，這些人並非真正聰明，他們只是善於背誦，靠死記取得高分，也善於處理例行公事。運氣好的人也會受到青睞，在公司出人頭地。

總而言之，真正大腦「操作系統」規格高的人不愛比較，也不會與人爭執。

2 努力會有回報

有時候努力也不會有回報，這是因為方法錯了。朝錯誤的方向努力，最後只會抵達錯誤的目的地。

明白「同樣是唸書結果卻不同」的原因之後，就能朝正確方向努力。

並非努力的量不夠，而是努力的方向錯誤。只要修正方向，努力自然會有回報。

雖然收到的回報多寡因人而異，但至少不會一場空。

3 形成高自我肯定感的世界

我在〈作者序〉裡提過，我寫本書的最大目的就是讓世界上有更多高度肯定自己的人。

遺憾的是，從國際比較的統計數據可以發現，大多數日本人的自我肯定感較低。

造成這個結果的理由有很多，**與他人比較絕對是造成自我肯定感較低的原因**。

如果要比較，不要和別人比，要和自己比。**「找到自己的長處並充分發揮」「找到比過去的自己更好的部分，並進一步成長」**，這兩點是培育人才的祕訣，但人就是忍不住想與其他人比較。

話說回來，當大腦「操作系統」規格提升，不僅不再與他人比較，還會提升自我肯定感。

當一個人的自我肯定感提升，內心充實了，就會以善良包容的態度對待他人。

人通常會尋找與自己內心相同的事物，當自己的內心充實，就會看到對方的長處。相反的，若內心匱乏，就會開始看到對方的短處。

有鑑於此，即使自己的內心充實，也要提升自我肯定感，這一點相當重要。

我之所以將這一段放在結語，是因為我想告訴各位，升級大腦規格後，不只能達成「偏差值變高，真開心」、「在職場飛黃騰達」、「收入增加」等表面成果，還能創造更深層的成就。

同樣過一生，我希望各位能度過更快樂、更精彩的人生。我希望各位都能瞭解，**只要問自己一個簡單的問題，就能改變對事物的看法。**

容我再次強調，十大魔法關鍵句請先用在自己身上，實際感受自己的大腦規格升級的感覺，不是要創造完美的自己，而是享受自己的人生。

自己有所感後，再將十大魔法關鍵句用在孩子或下屬身上，好好「教育」他們。

最後，請務必做這件事

本書寫了很多內容。

在最後的最後，建議各位做以下這件事。

以麥克筆畫出重點或貼上便利貼，有時候會標示過頭，搞得頭暈腦脹、無法消化，到最後什麼事也沒做、什麼目標也沒實現，這樣真的很可惜。

建議各位**「選出（最多）三件最想做的事」**，最多三件，只選出一件也可以。

實踐一個目標就能做出改變。

本書介紹了十大魔法關鍵句，無須全部使用，先從兩、三句開始。

重點是不要想著「非用不可」，而是抱持「嘗試看看」的心態，選出兩、三句好好運用。

1「為什麼？」（原因分析力）

2「有什麼想法？」（自我表現力）

3「該怎麼做才好？」（問題解決力）

4「總而言之，重點是什麼？」（抽象化思考力）

5「可以舉例說明嗎？」（具體化思考力）

6「怎麼做才有趣？」（積極思考力）

7「這麼做是為了什麼？」（目的意識力）

8「話說回來，這次的主題是什麼？」（原點回歸力）

9「如果……會發生什麼事（結果會如何）？」（假設構築力）

10「真是如此嗎？」（問題意識力）

選好之後，趁自己還記得的時候，記錄在下一頁。

我想嘗試的魔法關鍵句

①

嘗試後打勾！

□

②

嘗試後打勾！

□

③

嘗試後打勾！

□

本書即將完結。
感謝各位看到最後一頁。
衷心希望有更多人過著「樂在學習、趣味盎然」、「讚賞自己」的人生。
最後，期待有緣能在某個角落與各位相遇。

寫於橫濱咖啡館
石田勝紀

自主學習：10個培養孩子提高學業品質的超強學習法

作　者—石田勝紀
譯　者—游韻馨
主　編—王俞惠
責任行銷—王綾翊
內頁排版—唯翔工作室
第五編輯部總監—梁芳春
董事長—趙政岷
出版者—時報文化出版企業股份有限公司
一〇八〇一九台北市和平西路三段二四〇號
發行專線—（〇二）二三〇六六八四二
讀者服務專線—〇八〇〇二三一七〇五
（〇二）二三〇四七一〇三
讀者服務傳真—（〇二）二三〇四六八五八
郵撥—一九三四四七二四時報文化出版公司
信箱—一〇八九九臺北華江橋郵局第九十九信箱
時報悅讀網—http://www.readingtimes.com.tw
電子郵件信箱—yoho@readingtimes.com.tw
法律顧問—理律法律事務所　陳長文律師、李念祖律師
印　刷—勁達印刷有限公司
初版一刷—二〇二一年八月二十七日
初版二刷—二〇二二年八月二日
定　價—新台幣三二〇元

時報文化出版公司成立於一九七五年，
並於一九九九年股票上櫃公開發行，
於二〇〇八年脫離中時集團非屬旺中，
以「尊重智慧與創意的文化事業」為信念。

自主學習：10個培養孩子提高學業品質的超強學習法／石田勝紀著. -- 初版. -- 臺北市：時報文化出版企業股份有限公司，2021.08
208面；14.8×21公分

ISBN 978-957-13-9357-5（平裝）

1.家庭教育 2.親職教育 3.學習方法

528.2　　110013632

ISBN 978-957-13-9357-5
Printed in Taiwan